ullstein

Das Buch

»Ach, Sie haben Ihr Kind vor einem Jahr auf die Warteliste gesetzt? Inzwischen haben wir eine neue Liste. Die alte war voll, wir hätten eh nicht alle unterbringen können.«

Anna und Daniel sind verzweifelt: In zwei Monaten müssen beide wieder arbeiten, aber wer kümmert sich um ihren einjährigen Sohn Gustav? Nach langwieriger, anstrengender und erniedrigender Suche ergattern sie endlich einen Kita-Platz. Doch schon die Eingewöhnung ist zum Abgewöhnen. Die Kindergärten sind außerdem bevölkert von Terrorkindern und Horrorerziehern. Und vor allem: Eltern. Denn die Hölle sind immer die anderen …

Die Autoren

Anna Wiedemann kennt sich als Lehrerin eigentlich mit pädagogischen Herausforderungen aus. Doch keine Schule der Welt konnte sie auf die Suche nach einem Kita-Platz vorbereiten.

Daniel Wiedemann arbeitet neben seiner ungelernten Tätigkeit als Vater in einem Filmunternehmen. Das hilft zwar nicht bei Auseinandersetzungen mit Erziehern oder Eltern, aber verschafft kleine Fluchten aus dem täglichen Wahnsinn.

ANNA & DANIEL WIEDEMANN

FUCK YOU, KITA!

Eine unglaublich wahre Geschichte

Ullstein

Besuchen Sie uns im Internet:
www.ullstein-taschenbuch.de

MIX
Papier aus verantwortungsvollen Quellen
FSC® C014496

Originalausgabe im Ullstein Taschenbuch
1. Auflage August 2013
2. Auflage 2013

Umschlaggestaltung: semper smile, München
Titelabbildung: © Shutterstock / wet nose
Satz: KompetenzCenter, Mönchengladbach
Gesetzt aus der Dante MT Std
Papier: Pamo Super von Arctic Paper Mochenwangen GmbH
Druck und Bindearbeiten: GGP Media GmbH, Pößneck
Printed in Germany
ISBN 978-3-548-37506-9

INHALT

Die ersten Schritte

Der Alltag in der Kita

VORWORT

Es gibt da diesen Kinofilm mit Til Schweiger, der voll ist mit schönen Bildern, hübschen Menschen, netter Musik. Eine einfache Liebesgeschichte für die meisten, für Eltern noch viel mehr.

Denn in diesem Film spielt neben den gutaussehenden Schauspielern ein Kindergarten eine wichtige Rolle. Und was für einer. Nach dem Film fielen uns im Kinofoyer die vielen feuchten Augen auf, von Tränen der Rührung … oder vielleicht einfach vom vielen Lachen. Bestimmt waren die Eltern unter den Zuschauern auch von der Liebesgeschichte ergriffen, aber was uns wirklich ans Herz ging, war dieser Kindergarten.

Er ist in dieser wunderschönen alten Villa untergebracht, umgeben von einem mit Bäumen bewachsenen, großen Garten, innen vollgestopft mit Spielzeug, das Kinderherzen höherschlagen lässt. Und als wäre das nicht schon genug, arbeiten dort auch noch zwei Erzieherinnen wie aus dem Bilderbuch, die sich mit jeder Faser ihres Körpers dazu berufen fühlen, den Kindern eine schöne Zeit zu bereiten. Jeder Tag scheint auch für sie aufs Neue ein Abenteuer zu sein. Im liebevoll angelegten Grün werden kreative Spiele zelebriert. So haben die Kinder am Ende ihrer Kita-Zeit nicht nur viele tolle Erinnerungen, sondern sind darüber hinaus noch in der Lage, niedliche kleine Stofftierchen mit anatomischen Schönheitsfehlern zu basteln.

Genau so – oder zumindest so ähnlich – stellen sich junge, unerfahrene Eltern, wie wir es damals waren, die zukünftige Kita für ihr erstes Kind vor.

Das erste Jahr mit einem Kind gehört zu der schönsten Zeit im Leben, die man sich nur denken kann. Natürlich ist es ebenso anstrengend: Die Auswirkungen von chronischem Schlafmangel sind von Folterberichten aus Diktaturen und Tierversuchen bekannt … Doch dieser Zauber, ein neues Wesen in seinen vier Wänden zu haben, ist mit nichts zu vergleichen. Das frischgebackene Familienmitglied wird in Watte gepackt, rundum mit allem versorgt, was es braucht (und oft auch mit dem, was es nicht wirklich braucht). Es wird zum wichtigsten Thema der Welt und zum Mittelpunkt der Familie.

In Berlin ist es traditionell üblich, dass beide Elternteile bereits zu einem recht frühen Zeitpunkt nach der Geburt wieder arbeiten gehen. Daher gibt es viele Kitas, die schon wenige Monate alte Babys aufnehmen. Unser Ost-Berliner Stadtteil Prenzlauer Berg ist dafür bekannt, kinderreich und kinderfreundlich zu sein. Eine ungeheure Menge an Spielplätzen, Spielcafés, Elterntreffs, Mami-Boutiquen, Väter-Kursen und eben vergleichsweise viele Kitas zeigen das. Ein Glücksfall, denn unseren Wohnort haben wir nicht erst gewählt, seitdem wir ein Paar mit Kind sind – wir wohnten hier schon, als das Thema Familienplanung noch in weiter Ferne lag.

Aus anderen, vor allem west- und süddeutschen Städten, hören wir immer wieder erschreckende Berichte von befreundeten Eltern: Kein Kita-Platz weit und breit, und die private Kinderbetreuung ist meist nicht zu bezahlen. In teuren Städten wie München wird das für die Kleinfamilie schnell zum Überlebenskampf. Sind keine Großeltern in der Nähe, müssen viele Eltern mit Kleinstkindern ihr bisheriges Leben komplett umkrempeln, schlimmstenfalls aus logistischen Gründen sogar wegziehen.

Gut ein Jahr nach der Geburt von Gustav wollten wir beide wieder arbeiten. Das war der ursprüngliche Plan. Daniel Vollzeit, Anna Teilzeit. Dass wir durch unseren Nachwuchs Abstriche bei der Karriereverwirklichung und beim Einkommen machen müssten, war uns natürlich bewusst.

Wie so vielen Eltern war es uns aber sehr wichtig, unser Kind tagsüber, während wir beide arbeiteten, gut betreut zu wissen. So begann unsere Suche nach einem Kita-Platz.

Zu Beginn waren wir noch ganz naiv und malten uns einen Ort der Glückseligkeit aus, wo unser Kind alles bekommt, was es braucht, aber davon auch nicht zu viel. Unser Ziel waren keine veganen Kindergärten, mehrsprachige, musikalische und sogenannte Bewegungs-Kitas. Wir wollten etwas ganz Normales, mit normalen, aber liebevollen Erziehern, normalen Kindern und normalen Eltern. Denn Normalität, so langweilig das klingen mag, ist unserer Meinung nach eine gute Basis für ein Kind, selbstbewusst mit beiden Beinen durchs Leben zu stiefeln.

Zu der Zeit wussten wir aber auch noch nichts oder nur wenig von fehlendem Erzieherpersonal, Kita-Platz-Mangel, Problemen mit der Eingewöhnung, Kinderkrankheiten und Schließzeiten.

Während wir dieses Buch schreiben, ist in der politischen Kita-Welt die Hölle los. Jedes Kind unter drei Jahren soll bis August 2013 Anspruch auf einen Kita-Platz haben. Die Eltern können diesen Platz im Zweifel gerichtlich einklagen. In vielen Gemeinden, vor allem in den weniger wohlhabenden, wird es darum mit Sicherheit zu großen Engpässen kommen. Es fehlen immer noch zu viele Betreuungsplätze, nicht nur, aber vor allem für Kinder unter drei Jahren.

Infolgedessen nimmt der allgemeine Erziehermangel immer obskurere Formen an. Als Schlecker Konkurs anmeldete, schlug Arbeitsministerin Ursula von der Leyen tatsächlich vor, die sogenannten »Schlecker-Frauen« als Erzieherinnen umzuschulen. Oder Hartz-IV-Empfänger. Eine große Tageszeitung riet allen Ernstes, ehemalige Soldaten als Erzieher einzusetzen, um endlich dem Mangel an männlichen Fachkräften zu begegnen. Die Lage der politisch Verantwortlichen scheint verzweifelt zu sein, und der Druck wird weiter wachsen.

In Deutschland ist es weiterhin schwierig, Kind und Beruf miteinander zu vereinbaren, geeignete Betreuungsplätze zu finden sowie qualifizierte Erzieher. Ein Beruf, der immer noch viel zu schlecht bezahlt wird und leider eine viel zu geringe gesellschaftliche Anerkennung genießt.

Erst als wir damals begannen, für unseren Sohn Gustav einen Kita-Platz zu suchen, wurde uns bewusst, wie spät wir offensichtlich dran waren. Bei unserem ersten Infonachmittag in unserer Traumkita in der Nachbarschaft schnappten wir den Satz auf, der unsere Gedanken in den nächsten Wochen bestimmen sollte: »Fuck you, Kita!«

Das hört sich aus dem Mund eines wütenden Fünfjährigen vielleicht ganz ulkig an, seine Verzweiflung sollte aber bald auf uns übergehen. Nicht dass wir uns über dieselben Dinge geärgert hätten. Der Junge war erbost über ein zu Recht ausgesprochenes Verbot seiner Erzieherin. Der Ausruf beinhaltete aber auch für uns eine Wahrheit, die wir zu diesem Zeitpunkt noch nicht erahnen konnten. Der Kleine sollte nämlich in erschreckender Weise recht behalten.

Nach einigen Wochen nervtötender Suche nach einem Betreuungsplatz für Gustav wurde der Satz des Jungen zu unserem Mantra. Jeden Morgen wachten wir mit diesem Gedanken auf und nahmen ihn abends wieder mit ins Bett. Es gab ihn nämlich nicht, den freien Betreuungsplatz in einer Kita in unserer Nähe.

Die Suche nach einem Kita-Platz – und auch der Alltag in der Tagesstätte – war ein unglaubliches Abenteuer für uns und ist es noch heute, jeden Tag aufs Neue.

DIE SUCHE

1

ENTSCHEIDUNGSSCHWIERIGKEITEN (ANNA)

Morgens stehe ich nichtsahnend im kleinen Supermarkt gleich um die Ecke. Vor mir das Regal gefüllt mit bunten Schokoladentafeln. Ich habe die volle Auswahl und kann mich trotzdem nicht entscheiden. Oder kann ich es vielleicht gerade deshalb nicht? Manchmal wäre weniger mehr. Weniger Auswahl, mehr Zeit für andere Dinge.

Während ich unschlüssig vor dem Regal mit der Schokolade stehe, klingelt mein Handy. Am anderen Ende meldet sich der Schulleiter des Berliner Gymnasiums, bei dem ich mich für meine erste Stelle nach dem Referendariat beworben habe.

»Können Sie sich vorstellen, schon früher wieder in den Schuldienst einzusteigen? Eine Kollegin mit Ihren Fächern ist längerfristig erkrankt. Sie könnten in sechs Wochen anfangen. Überlegen Sie es sich doch bitte bis Ende der Woche und melden sich wieder bei mir.«

Wiedereinstieg in sechs Wochen und nicht in sechs Monaten, wie eigentlich geplant. Ich fühle mein Herz immer schneller schlagen, meine Hände werden feucht. Sechs Monate waren noch so weit weg, klangen nach unendlich viel Zeit für mich und Gustav, nach *irgendwann*, aber nicht nach jetzt und auch nicht nach morgen. Sechs Wochen aber sind gefühlt schon übermorgen. Wenn mir bereits die Wahl der richtigen Tafel Schokolade so schwerfällt, wie soll ich da bloß entscheiden, wann ich wieder arbeiten gehe? Nur mit Daniels Gehalt kommen wir nicht dauerhaft über die Runden. Urlaub, Ausflüge, auswärts essen, Freunde und Familie besuchen … Für all diese schönen Dinge im Leben benötigen wir auch mein Gehalt. Und einen Teil davon auch zum alltäglichen Leben. Aber wann *kann* ich mir vorstellen, wieder zu arbeiten? Ab wann reicht es mir nicht mehr, nur noch Mutter und Hausfrau zu sein? Ab wann soll Gustav in die Kita gehen, vorausgesetzt, wir bekommen eine Zusage? Wann, wann, wann?

Meine Gedanken fahren Karussell. Ich liebe mein Kind und ich liebe meinen Job. Beides in Einklang bringen musste ich bisher noch nicht. Erst habe ich gearbeitet, dann kam Gustav. Die letzten vierzehn Monate habe ich mit ihm zu Hause verbracht. Klar, manchmal vermisse ich die Schule, meine Schüler, die Gespräche mit Kolleginnen und Kollegen, die Herausforderungen, die der Job als Lehrerin mit sich bringt. Eingetauscht habe ich das gegen eine vierzehn Monate lange, unglaubliche Zeit – unglaublich erlebnisreich und wunderschön, aber auch unglaublich anstrengend. Das erste Lächeln, der erste Zahn, der erste Schritt, unser erster gemeinsamer, richtiger Urlaub. Wir fuhren zu dritt im Bulli durch Frankreich und Italien, besuchten Freunde, ließen uns acht Wochen lang einfach treiben. Davon zehre ich noch heute.

Was mir aber auch aus meinen Elternzeit-Monaten geblieben ist: die bleierne Müdigkeit. Wie wir nebeneinander auf der Couch sitzen, unfähig, uns zu unterhalten oder auch nur aufzustehen, um endlich den Weg ins Bett zu finden.

Die letzten vierzehn Monate sind mit nichts in meinem bisherigen Leben zu vergleichen. Ich habe sie sehr genossen. Neben meinem kleinen Sohn zu liegen, wenn er friedlich schläft, seinen warmen Atem auf meinem Gesicht zu spüren. Gustav dabei zu beobachten und zu begleiten, wie er die Welt für sich entdeckt, Fortschritte macht, staunt, glücklich ist, mich anstrahlt. Einfach Zeit zu haben. Weniger für mich, aber viel für ihn und uns als kleine Familie.

Trotzdem war ich manchmal auch einsam, habe mich gelangweilt und ausgeschlossen gefühlt. Von dem arbeitenden Teil der Gesellschaft, von ihren Unterhaltungen, ihrer Geschäftigkeit. An manchen Tagen war Daniel mein einziger erwachsener Gesprächspartner. Ich habe ihn dann beneidet, um sein Arbeitsleben, um das Leben abseits von Kind und Haushalt. Während er arbeitete, hatte ich manchmal nur Gustav zum Reden. Die Gespräche mit ihm verliefen sehr einseitig. Wenn Gustav dazu einen schlechten Tag hatte, habe ich mich bisweilen sehnlichst in meinen Job zurück gewünscht. Einfach morgens aus dem Haus, mal durchatmen, ohne Kind, im Kopf andere Listen als Einkaufslisten, mal wieder jemand anderes sein als die, die ich seit 14 Monaten 24 Stunden am Tag bin: Mutter. Aber an den meisten Tagen habe ich mich doch gut gefühlt. Ich habe mich mit anderen Müttern verabredet, die Kinder im gleichen Alter haben, und manche von ihnen wurden zu Freundinnen.

Um mich herum geht ein Kind nach dem anderen mit einem Jahr in die Kita und die Mütter wieder arbeiten. Einige müssen aus finanziellen Gründen, aber viele wollen es vor allem auch. Hier im Osten der Republik ist das seit Jahrzehnten gelebte Normalität. Und ich möchte auch beides: Kind und Job. Ich will eine gute Mutter, Frau, Freundin sein, aber eben auch gut in meinem Beruf als Lehrerin. Und das Wichtigste ist: Er macht mir Spaß und erfüllt mich so ganz anders, als es meine anderen Rollen vermögen.

Ich jongliere täglich mit zahlreichen davon, die ich erfüllen möchte oder die mir auferlegt werden: bin Hausfrau, Mama, Partnerin, Freundin, Tochter, Schwester, Vorbild, Köchin, Psychologin und demnächst glücklicherweise auch wieder Kollegin und Lehrerin. Wie und ob ich allen Rollen gerecht werden kann, weiß ich nicht.

Vor Gustavs Geburt hatte ich den Plan, Tag und Nacht für mein Kind da zu sein und mindestens für drei Jahre ganz aus dem Beruf auszusteigen. Jetzt kann ich mir das nicht mehr vorstellen. Ich brauche meinen Job, die Abwechslung, die Herausforderung, um dauerhaft glücklich zu sein. Zudem soll Gustav kein Einzelkind bleiben. Daniel und ich haben jeweils einen Bruder. Zwischen uns und unseren Geschwistern liegen gut drei Jahre. Ich müsste also mindestens sechs bis sieben Jahre zu Hause bleiben. So hat es meine Mutter gemacht.

Die Kindergärten in unserer Kleinstadt betreuten damals die Kinder ab drei Jahren für vier oder fünf Stunden am Tag. Morgens um acht öffneten sie, Abholzeit war mittags um zwölf, bei einigen um eins. So konnten viele Mütter auch dann nicht arbeiten, als ihre Kinder endlich in den Kindergarten gingen. Welcher Arbeitgeber stellt schließlich eine Frau ein, die nur von neun bis halb zwölf arbeiten kann und zusätzlich dann fehlt, wenn eines ihrer Kinder krank ist?

Aber jetzt geht es mir doch etwas zu schnell. Ein Teil von mir sträubt sich mit ganzer Kraft gegen das Ende meiner intensiven Zeit mit Gustav. Ein anderer Teil freut sich mit jeder Körperzelle. Mein Herz klopft, ich bin aufgeregt, in freudiger Erwartung. Ich möchte arbeiten, ich möchte diese Stelle.

Doch der Dreh- und Angelpunkt meiner Überlegungen bleibt Gustav. Ist er mit seinen dann fünfzehn Monaten nicht noch zu klein für die Kita? An mindestens vier Tagen die Woche hätte er damit seinen eigenen »Arbeitstag«. Am Morgen hin und erst am Nachmittag wieder nach Hause zurück. Den ganzen Tag über in einer erst einmal fremden Umgebung, rundherum so viele neue Eindrücke, Kinder und Erzieher. Ohne Daniel und mich als seine Vertrauten. Einer von uns war bis jetzt immer da.

Oder würde Gustav die Gemeinschaft der anderen Kinder sogar genießen, die Beschäftigungen in der Kita, die wir ihm zu Hause gar nicht bieten können? Ist es egoistisch, mehr meinem eigenen Leben nachgehen zu wollen? Meinen Beruf wieder aufzunehmen? Ich könnte genauso gut noch etwas länger zu Hause bleiben. Mit finanziellen Engpässen zwar, aber dafür …

Ich schiebe die Gedanken vorerst beiseite und entscheide mich für eine Schokolade mit Keks. Schon auf dem Nachhauseweg verputze ich den ersten Riegel. Gute Entscheidung.

2

FRÜHER HABEN WIR DAS AUCH GESCHAFFT (DANIEL)

Da wir in der Großstadt wohnen und Themen wie Wald, Wiesen und Tiere meist nur in unseren Kinderbüchern vorkommen, versuchen wir so oft wie möglich raus aufs Land zu fahren. Mittlerweile sind wir gewiefte Experten, was Wildtiergehege und idyllische, aber dennoch gut zugängliche Waldlichtungen am Stadtrand angeht.

Bei einem unserer letzten Besuche auf einem Pferdehof in Brandenburg bekamen wir wieder einmal vor Augen gehalten, wie es um das Umweltverständnis eines Stadtkindes bestellt ist. Unsere Familie stand geschlossen, die Augen vor Staunen weit geöffnet, vor einem frisch gestriegelten Pony, das plötzlich seinen Schwanz hob und eine ordentliche Portion Pferdeäpfel fallen ließ. Ein Mädchen, das mit ihrer Mutter neben uns stand, rief plötzlich ganz aufgeregt: »Schau mal, Mama, da kommt Hundekacke raus!«

Bei ebensolchen Situationen bekommen wir regelmäßig ein schlechtes Gewissen Gustav gegenüber und beschließen fest, aufs platte Land oder wenigstens an den Stadtrand zu ziehen. Nur wohin genau, schaffen wir dann irgendwie nicht mehr zu beschließen. So schläft der Gedanke wieder ein, nur, um bei einer nächsten Gelegenheit aus heiterem Himmel mit großem Geschrei wieder aufzuwachen.

Hin und wieder besuchen wir auch die Großeltern. Damit machen wir allen eine Freude: Dem Kleinen, weil er Oma und Opa vergöttert, uns, weil wir mal durchatmen können, und Oma und Opa, weil sie auf einen Schlag sowohl Kinder als auch Enkelkind um sich haben. Leider wohnen beide Großelternpaare mehrere hundert Kilometer weit entfernt. Das ist schade. Es ist nämlich von unschätzbarem Vorteil, wenn man jemanden in der Nähe hat, der einspringen kann, wenn es eng wird. Wir fangen das zwar recht gut durch Freunde und Babysitter auf. Aber die Beziehung zu den Großeltern ist schon sehr besonders. Obwohl Gustav seine zwei Opas und zwei Omas nur alle paar Wochen sieht, fühlt es sich jedes Mal sofort ganz herzlich und familiär an. Es existieren unsichtbare Bande zwischen ihnen, Gustav gibt sich immer vertrauensvoll in ihre Hände.

Die Großeltern sollen natürlich nicht immer zu uns kommen, darum versuchen wir, so oft es geht, auch sie zu besuchen. Womit wir wieder zum vorhin erwähnten Landausflug kämen. In einem Fall ins malerische Alpenvorland zu meinen Eltern.

Bei diesem letzten Besuch in der bayerischen Provinz erzählten wir von unseren Plänen für die nahe Zukunft: Anna würde wieder arbeiten gehen. Wir waren auf alles vorbereitet. In Bayern ist es nämlich noch immer eher ungewöhnlich, dass Frauen bereits zwölf Monate nach der Geburt wieder arbeiten gehen und das Kind außerhalb der eigenen vier Wände betreuen lassen. Berufstätige Mütter werden oft sogar als kaltherzig angesehen, als richtige Rabenmütter.

Doch überraschenderweise eröffnete uns meine Mutter, dass sie es früher auch ganz prima gefunden hätte, durch eine Kita entlastet zu werden. Mein Bruder und ich kamen, wie heute auch noch üblich, mit drei Jahren in den Kindergarten, eine Betreuung außer Haus vor dieser Zeit war damals undenkbar. Im Gegensatz zu vielen ihrer Freundinnen musste – und wollte – meine Mutter aber früher wieder arbeiten. Mein Bruder und ich verbrachten darum viel Zeit bei unseren Großeltern, Einrichtungen wie Kitas gab es vor 35 Jahren nämlich noch nicht.

Ich erinnere mich sehr gern an meine Kindheit, in der ich wirklich viel Zeit bei meinen Großeltern verbracht habe. Mein Bruder und ich wurden dort natürlich verhätschelt und durften so einiges, was bei unseren Eltern nicht durchging. Wenn wir mit Opa zusammen waren, ließ er uns zum Beispiel ganz frei mit Messern, Hammer und Schnitzwerk hantieren. Für ihn eine Selbstverständlichkeit, er hatte früher in einem Sägewerk gearbeitet. Meine Mutter wäre wohl bleich vor Sorge aus den Latschen gekippt, wenn sie nur davon gewusst hätte. Aber vielleicht war das gerade das Gute daran. Wir wurden bei unseren Großeltern ganz anders behandelt als bei unseren Eltern und konnten uns daher auch vielfältig entwickeln.

Damals konnte ich solche Ängste und die daraus hervorgehenden Verbote natürlich noch nicht nachvollziehen. Ein besonders hartes Beispiel halte ich meinen Eltern nach all den Jahren übrigens immer noch vor: Sie verboten mir, zum Konzert von Nirvana zu gehen. Ich war 13 und Nirvana für mich die größte Band aller Zeiten. Aber ich durfte nicht. Zu weit weg, zu spät, zu verraucht, zu gefährlich, zu schlechter Einfluss. Es sollte das letzte Konzert der Band sein, Kurt Cobain nahm sich kurz darauf das Leben. Heute bin ich übrigens mehr als skeptisch, ob *ich* meinen pickeligen, pubertierenden Sohn zu einem 100 Kilometer entfernten Konzert eines heroinsüchtigen, suizidgefährdeten Schreihalses gehen lassen würde.

Es ist schön, dass die Generationen näher zusammenrücken, je älter wir werden. Vor allem seitdem wir selbst Kinder haben, verstehen wir uns mit unseren Eltern immer besser, obwohl wir wohl in ihren Augen immer die Kinder bleiben, die wir mit Anfang dreißig längst nicht mehr sind. Darum akzeptieren wir, andererseits, auch die räumliche Trennung, wenn sie bisweilen auch zu groß ist. Aber wie Gustavs Oma sagt: »Alt und jung gehören nicht unter ein Dach! Ich finde es gut, wenn ich nicht immer sehen muss, was ihr den ganzen Tag so treibt, das würde mich wahrscheinlich wahnsinnig machen.« Spricht sie und verschwindet in der Küche.

Als Gustav sie fünf Minuten später mit tapsenden Schritten bei der Zubereitung des Abendessens besucht, höre ich sie leise zu ihm sagen: »Ach Gustav, du kannst deinen Eltern schon mal sagen, dass sie ein bisschen öfter kommen sollen. Es gibt doch nichts Schöneres, als euch alle hier bei mir zu haben.«

3

DIE UNENDLICHE SUCHE (ANNA)

Die kleinen blauen Robben auf den weißen, großen Umzugsautos, die artistisch einen Ball auf ihrer Schnauze balancieren, prägen das Straßenbild in unserem Bezirk. Umziehen ist hier für viele ein Sport, kein notwendiges Übel wie für uns. Einige unserer Freunde sind öfter umgezogen, als sie Jahre in Berlin wohnen. Auch unsere Straße blockiert fast jeden Tag so ein weißer Kastenwagen mit artistischem Flossenfüßler als Logo. Irgendjemand zieht um, ein oder aus. Unsere beiden bisherigen Umzüge haben wir selbstredend auch mit einer »Robbe« gestaltet. Allerdings zählen wir eher zur sesshaften Gattung mit zwei läppischen Umzügen in acht Jahren. Der eine raus aus unseren WGs, rein in die erste gemeinsame Zweiraumwohnung. Vier Jahre später, nun zu dritt, in unsere jetzige Dreiraumwohnung, die noch dazu schräg gegenüber der alten liegt.

Meine Freundin Frederike, ein Urberliner Pflänzchen, hörte schon zu meiner Zeit als Noch-nicht-Berlinerin voller Begeisterung die Band 2Raumwohnung. Ich erinnere mich, dass ich mich immer über diesen eigentümlichen Bandnamen gewundert habe, schließlich kannte ich nur den Begriff Zwei*zimmer*wohnung. Erst als ich nach Berlin zog, begriff ich, dass es sich hierbei keineswegs um einen antiquierten oder gar falschen Begriff handelt. »Suche Zweiraumwohnung, Altbau mit Balkon und Dielen …« oder ähnliche Gesuche hängen hier an jeder zweiten Fußgängerampel. Als ich einige Wochen nach Gustavs Geburt mit der Suche nach einem Kita-Platz begann, hing folgender Zettel an einem Spielplatzzaun: »Der kleine Emil ist ganz traurig, denn er sucht seinen Schmusehasen. Wenn du ihn gefunden hast, melde dich doch bitte bei mir.« Dazu gab es noch eine Telefonnummer und eine Zeichnung vom Schmusehasen des kleinen Emil. Gut, dass im Text die Tierart genannt wird, dachte ich noch. Sonst hätte der Emil kaum eine Chance auf ein Wiedersehen mit seinem kuscheligen Freund gehabt. Während ich noch so den Hasen betrachtete, fiel mein Blick auf einen bunten Zettel gleich neben dem vom kleinen Emil: »Suchen noch ein Mädchen über vier Jahre für unsere Kita Sonnenblume«. Ich hatte zwar kein vierjähriges Kind, geschweige denn ein Mädchen, aber das Thema Kita-Suche trieb mich bereits damals um.

Unsere Freunde mit Kindern hatten uns gewarnt: »Kümmert euch schon vor der Geburt um einen Platz! Besucht Infonachmittage! Lasst euch schon mal auf alle Wartelisten setzen!« Wir hatten die Ratschläge gehört, aber es fühlte sich für uns falsch an, den Namen unseres Kindes noch vor seiner Geburt auf irgendwelche Listen setzen zu lassen. Welchen Namen hätten wir denn auch angeben sollen? »XY Wiedemann«, denn zumindest das Geschlecht war uns ja bereits bekannt? Hört sich nicht nach einem lebendigen Menschen an, fanden wir. Wir wollten den kleinen Mann erst einmal selbst kennenlernen, bevor wir Kennenlern-Nachmittage in seinem Namen besuchten. So dachten nicht viele, dämmerte es mir langsam. Denn auf allen Informationsveranstaltungen *nach* Gustavs Geburt bekam ich Folgendes zu hören: »Sie können sich gern auf die Warteliste setzen lassen, die Aussicht auf einen Platz ist aber schlecht.«

So ging ich also vor wie all die Mütter und Väter, die noch keinen Kita-Platz ergattert hatten: Ich setzte Gustav auf diverse Wartelisten, einmal wurde er als Wartenummer 631 geführt. Hoffnungslos bescheuert!

Wir meinten damals, wir hätten noch genügend Zeit und dass sich sicherlich rechtzeitig etwas ergeben würde. Es ergab sich aber nichts. Und die Zeit lief uns auch davon.

Vielleicht ergab sich auch deshalb nichts, weil wir nach diesen ersten Anmeldungen nur selten nachgehakt oder uns wirklich noch bemüht hatten. Stattdessen wollten wir ein halbes Jahr bevor Gustav eine Kita besuchen sollte, die Suche wieder aufnehmen. Damals ahnten wir ja noch nichts von meinem plötzlichen Wiedereinstieg in die Schule. Vier Monate früher als gedacht! Unsere Ignoranz rächte sich, nämlich genau jetzt. Nach meiner Jobzusage reichen uns keine Wartelisteneinträge mehr, ein tatsächlicher Platz in der Kita muss her. Und zwar schnell.

So finde ich mich mit einer langen Excel-Liste am Küchentisch wieder und telefoniere die Kitas ab, auf deren Wartelisten wir uns vor gut einem Jahr eingetragen hatten. Da stehen Waldorf- und Waldkindergärten, Kitas mit Bewegungs- und/oder Musikschwerpunkt, sportbetonte Kindergärten, private sowie staatliche. Der Mensch neigt dazu, für gut Empfundenes verlängern oder wiederholen zu wollen. So wünsche ich mir für Gustav eine ebenso glückliche Kindergartenzeit wie meine eigene. Das Schöne an kleinen Kindern ist ja: Man darf noch allerlei Dinge für sie entscheiden. Das hört allerdings schneller auf, als einem lieb ist. Gustav wusste zum Beispiel schon nach wenigen Tagen, dass er nicht in seinem eigenen Bett schlafen will. Tagsüber nicht. Und nachts schon gar nicht. Schläfchen für Schläfchen schlich er sich in unser Bett – und ist geblieben. Anfangs haben wir noch versucht, ihn davon abzubringen, indem wir ihn stundenlang herumgeschleppt haben, damit er wieder einschläft. Wir haben schnell kapituliert. Unsere Müdigkeit war einfach zu groß. So hat er gewonnen. Aber es fühlt sich gar nicht wie eine verlorene Schlacht an. Und ich kann schließlich auch am besten schlafen, wenn ich Daniels Atem neben mir höre und seine Wärme spüre.

Zehn erfolglose Telefongespräche bringen mich auf den Boden der Tatsachen zurück. Von Gespräch zu Gespräch schwinden meine Hoffnungen, überhaupt jemals einen Kita-Platz für Gustav zu finden. Manche Kitas konnten nicht einmal unseren Eintrag auf der Warteliste wiederfinden.

»Ich sehe Ihren Namen hier nirgends. Sind Sie sich denn wirklich sicher, dass Sie sich bei *uns* angemeldet haben?«

»Ja, selbstverständlich, das ist jetzt etwas über ein Jahr her. Mein Sohn war damals erst wenige Wochen alt.«

»Ach so, *so* lange ist das her! Wir haben jetzt schon wieder eine neue Liste. Die haben wir angefangen, als die alte Liste voll war. Wir hätten sowieso nicht alle unterbringen können.«

Welchen Sinn erfüllt so eine Warteliste dann eigentlich? Nach weiteren fünfzehn Telefonaten stehe ich auf neuen Wartelisten und bin zu Rundgängen durch diverse Kitas eingeladen, doch von einem Kita-Platz so weit entfernt wie nie zuvor. Ich blicke in das Bettchen neben mir. Darin liegt der kleine Gustav, und von dem Gedanken, ihn in wenigen Wochen in eine dieser Wartelisten-Kitas zu geben, bin ich gefühlsmäßig so weit entfernt wie der Mond von der Erde.

Eine Bekannte aus dem Geburtsvorbereitungskurs ist nach dem Motto verfahren »Weniger, dafür besser«. Auf ihrer Liste standen nur fünf Kitas in ihrem direkten Wohnumfeld, die sie gezielt nach deren pädagogischem Konzept ausgesucht hatte. Diese fünf Kitas hat sie dann wöchentlich kontaktiert, Sommerfeste, Informations- und Kennenlern-Nachmittage besucht – sie war also genauso oft in der Kita anwesend wie die Eltern, deren Kinder bereits dort betreut wurden. Für den Waldorfkindergarten, der auf ihrer kurzen Liste ganz oben stand, hat sie sogar ein Daumenkino gebastelt mit niedlichen Bildern ihrer Tochter. Sie hat eine Absage bekommen. Vielleicht hätte sie lieber ein Schaf gehäkelt. Oder noch besser: ihre kleine Tochter häkeln lassen.

Verzweiflung, Sarkasmus und Verlust der eigenen Persönlichkeit liegen häufig nah beieinander. Eine lockere Authentizität weicht angespannter Selbstdarstellung. Anstelle selbstbewusst genug zu sein, mit einem schlechtgelaunten, schreienden Kind eine potentielle Kita zu betreten, bin ich den ganzen Morgen über mit Vorbereitungen beschäftigt, damit der Termin um zwölf Uhr gut über die Bühne geht. Wie eine Wilde schiebe ich meinen Sohn rechtzeitig im Kinderwagen um die Häuser, damit er seinen Mittagsschlaf früher hält als sonst und während des Gesprächs entweder schläft oder als kleines Engelchen auf meinem Schoß sitzt.

Der Termin in der Kita liegt eher ungünstig in unserem mittlerweile getakteten Tagesablauf. Schläfchen am Morgen, Spielen und Kuscheln, Mittagessen, danach wieder ein Schläfchen, Spaziergang oder Treffen mit Freunden, Abendessen, Nachtschlaf – mit fünf Unterbrechungen. Dann schließt sich der Kreis und alles beginnt von vorne. An manchen Tagen ist das sehr schön, an anderen eher monoton, langweilig und ich möchte am liebsten ausbrechen. Einfach mal ausschlafen, lesen, alleine spazieren gehen, mit Daniel Zeit verbringen, ohne dass einer den Knirps auf dem Schoß hat, mit Freundinnen in Ruhe Kaffee trinken und quatschen. Nicht über Brei, Schlafen, Rotznase nachdenken.

Natürlich ist Gustav nicht eingeschlafen. Er ist wirklich schlau, der kleine Kerl. Je größer mein Wunsch, dass er pünktlich einschläft, desto schlechter klappt es. Er hat ein Antennchen für meine Stimmung. Heute stehen alle Zeichen auf Anspannung, nicht nur bei mir. Also erscheine ich mit einem völlig übermüdeten Gustav zum Termin. Noch brüllt er Gott sei Dank nicht. Ich habe ihn unter den einen Arm geklemmt und versuche einhändig den Kinderwagen die drei Stufen bis zum Eingang hinaufzubugsieren. Sich um die eigene Achse drehende Vorderräder sind nicht in allen Situationen sinnvoll. Wenigstens die Leute im Café nebenan haben etwas zu gucken. Oben angekommen, fallen mir fast die Arme ab und der kleine Mann hängt schief eingekeilt zwischen Arm und Oberkörper. Jetzt nur noch den Termin rumkriegen. Im Moment hält sich meine Lust aufs Präsentieren stark in Grenzen. Ich atme ein paar Mal tief ein und aus und spreche mir Mut zu.

Und dann: Augen zu und durch. Ich öffne die Eingangstür. Dabei rede ich mir ein, dass die Erzieher schließlich am allerbesten wissen müssen, dass Kinder nicht immer so sind, wie einem in der Werbung vorgegaukelt wird. Sie haben gute und schlechte Tage, sind in der einen Minute zuckersüß und in der anderen kleine Monster, testen uns aus und können unsere Nerven arg strapazieren. Eben noch schreiend auf dem Boden gewälzt, kuschelt sich mein Sohn im nächsten Moment auf meinen Schoß und drückt mir einen feuchten, warmen Kuss auf die Wange. Dann ist alles Stressige, Nervige und Anstrengende einfach vergessen. Puff. Bis zum nächsten Trotzanfall …

Besonders erquickend sind diese Gesprächstermine übrigens nie. Es gibt in jeder Kita viel zu wenig Plätze für die Masse an Bewerbern, genervte Leiter, ob der Masse an Bewerbern, frustrierte Eltern, also die Masse der Bewerber, die gegen Windmühlen ankämpfen. Die Stimmung ist auch diesmal im Keller. Und das Schlimmste: Hinterher bin ich keinen Schritt weiter gekommen, bloß komplett genervt und der schreiende Gustav auch.

Nach einigen Tagen steht fest: Wir haben keine Chance auf einen der begehrten Plätze in einer der von uns bevorzugten, meist recht kleinen und familiären Kitas. Bei insgesamt fünfzehn Plätzen pro Kita werden im Sommer häufig gerade mal zwei frei, auf die unmittelbar die Geschwisterkinder aufrücken. Es regnet regelrecht Absagen: »Im Moment geht gar nichts«, »Bewerben Sie sich bitte erst wieder in zwei Jahren«, »Wir haben 600 Leute auf der Warteliste«, »Wir melden uns bei Ihnen, es nützt nichts, wenn Sie noch so oft anrufen« …

So verbringe ich weiterhin meine Zeit und die Tage gehen ins Land. Ich glaube mittlerweile an die Theorie der Alibi-Warteliste: Entweder, man ruft im richtigen Moment an, und es ist gerade ein Platz frei, oder man wird eben auf eine dieser ominösen Wartelisten gesetzt, um endlich Ruhe zu geben und das Gefühl zu haben, dass es zumindest eine minimale Chance auf einen Platz gibt. Schließlich steht man jetzt ja wenigstens auf der Warteliste!

Hätte ich zu dem Zeitpunkt den in Berlin obligatorischen Kita-Gutschein beantragen müssen, hätte in dem Feld »Beruf der Mutter« bedenkenlos »Hausfrau, Mutter, Familienmanagerin« stehen können. So ein Gutschein-System haben einige große deutsche Städte wie München, Köln, Hamburg, Berlin, aber auch Heidelberg. Nur wenn man eine Beschäftigung nachweisen kann, sei es durch eine Arbeitsstelle, eine Ausbildungsmaßnahme oder als registrierter Arbeitsuchender, erhält man einen Gutschein. Nur mit diesem bekommt man dann auch einen Kita-Platz. In vielen Städten, so auch in Bremen, Leipzig, Osnabrück und Dresden gibt es keine Kita-Gutscheine. Hier bewirbt man sich einfach direkt selber um die Plätze.

Mein tatsächlicher Beruf »Lehrerin« rückte nicht nur gedanklich in immer weitere Ferne. Die Strecke Erde–Mond reicht da nicht.

Vielleicht sollten wir uns mal wieder eine »Robbe« ausleihen und den Bezirk wechseln, denke ich. So schlimm wie hier kann es doch nicht überall in Berlin sein.

4

ANDERE SAITEN WERDEN AUFGEZOGEN (DANIEL)

Eigentlich gibt es in aussichtslosen Situationen nur drei Alternativen: Erstens, man ergibt sich seinem Schicksal. Zweitens, man kämpft so lange, bis es wirklich nicht mehr weitergeht. Oder drittens, man sucht sich einen anderen Weg. Da Aufgeben nicht zur Debatte steht und wir mit unserem bisherigen Vorgehen keinen Erfolg haben, entschließen wir uns eines Abends für die dritte Alternative.

Wir werden etwas tun, das uns beiden zutiefst widerstrebt und bisher nicht zu unserem Repertoire gehörte. Wir werden uns nach allen Regeln der Kunst einschleimen, die perfekte Familie spielen und die Kitas mit superkreativen Geschenken überfallen, so dass sie nicht anders können, als unseren perfekten Sohnemann aufzunehmen.

Zum nächsten Vorstellungstermin bei einer Kita schlüpfen wir in neue Rollen. Anna avanciert zur besten Kuchenbäckerin des Viertels, ich zum handwerklich begabten, hilfsbereiten Alleskönner. Anna tut sich nicht sonderlich schwer bei ihrer Transformation, sie ist nicht weit davon entfernt. Ich habe es da schon schwerer. Weder sehe ich aus, als könnte ich schwere Bretter heben, noch kann ich mit Fachwissen über elektronische Geräte überzeugen. Aber nach ausgiebigen Recherchen scheinen diese Fähigkeiten nun mal die meistgesuchten bei Eltern eines Kita-Kindes zu sein. Ein Freund von uns erwähnte im Vorstellungsgespräch, sie besäßen einen Rasenmäher und eine Kreissäge. Was soll ich sagen: Sie haben den Platz bekommen.

Wir versuchen uns also wacker als Schauspieler: Die Mutter, alias Anna, steuert zu allen Kita-Feierlichkeiten kulinarische Köstlichkeiten bei. Der geschickte Vater, also ich, erledigt mit links kleinere oder auch größere Schönheitsreparaturen an seinem freien Sonntagvormittag. Nicht nur unser Kind soll glänzen, auch seine Eltern werden triftige Gründe für Gustavs Aufnahme liefern. Soft-Skills gewinnen ja bekanntlich bei Bewerbungen immer mehr an Bedeutung …

Unseren ersten Auftritt haben wir in einer Kita direkt ums Eck. Mit einem frisch gebackenen Schokoladenkuchen erscheinen wir zum Informationsnachmittag, bereits eine halbe Stunde vor Beginn.

Der Kuchentrick scheint beim Kita-Personal Eindruck zu schinden. Es bedient sich großzügig und frönt dem köstlichen Mitbringsel. Mit überlegenem Lächeln begrüßen wir die nach uns eintreffenden Eltern.

Ich habe es da deutlich schwerer, weil ich auf subtile Art und Weise versuchen muss, mein angebliches handwerkliches Talent in die Unterhaltung einfließen zu lassen. Außerdem verbreitet es nicht unbedingt gute Stimmung, gleich beim ersten Treffen auf bauliche Unzulänglichkeiten vor Ort hinzuweisen, die man (in diesem Falle *ich*) doch ganz einfach beseitigen könne. Da kommt mir das Elterngespräch gelegen: Wir werden nämlich wie bei einem Bewerbungsgespräch mit Fragen zu unserer Person gelöchert, es geht um unsere Berufe und unsere Vorstellungen vom Kita-Alltag. Hierbei erzähle ich ausführlich von meinen Hobbys, die natürlich ausschließlich handwerklicher Natur sind. Es gibt nur mäßiges Interesse daran.

Es bringt alles nichts. Auf mehrmaliges Nachfragen bekommen wir auch hier nur einen Platz auf der Warteliste angeboten. Ich habe sogar das latente Gefühl, dass sie nicht mehr ans Telefon gehen, wenn sie unsere Nummer auf dem Display erkennen. Wir versuchen es aber weiter mit einer Mischung aus Auf-die-Nerven-Gehen durch penetrantes Nachfragen und Aus-der-Masse-Herausstechen durch besondere Begabungen.

Jeden Abend diskutieren wir andere Möglichkeiten der Kinderbetreuung, kommen aber zu keinem Ergebnis. Eine Zusage für eine Kita muss her, komme, was wolle.

Natürlich gibt es Grenzen, und eigentlich ist mir die Amateurschauspielerei zuwider. Es steht aber außer Frage, etwas zu tun, was in den Bereich des Illegalen reicht. Zum Beispiel häufen sich die Gerüchte, dass bei einigen Informationsabenden von Kitas recht offen über eine sogenannte »zusätzliche Aufnahmegebühr« verhandelt wird. Damit ist natürlich keine wirkliche Gebühr gemeint, sondern eine Art »Spende« der Eltern an den Träger, im Tausch für einen Platz. Wir wurden allerdings nie persönlich Zeuge einer solchen Forderung, obwohl wir wirklich bei jeder einzelnen Veranstaltung der Kitas in unserer Umgebung waren.

Wie Maria und Josef gehen wir von Pontius zu Pilatus und spielen unsere Rollen. Nach einer Weile sind wir richtiggehend perfekt in unserer Schauspielerei. Irgendwann glaube ich mir sogar selbst, so dass ich zu Hause versuche, eine selbstgebaute Konstruktion, die als Küchenbeleuchtung fungieren soll, an die Wand anzubringen. Sie kracht natürlich mit lautem Getöse wieder herunter. Oder, wie Gustav heute sagen würde: »Papa hat gebohrert – und Krawimm! Is runtergepumselt!«

Erfolg bringt das alles nicht. Vielleicht liegt es auch an den kulturellen Differenzen, die es zu überbrücken gilt. Das Berliner Gemüt unterscheidet sich doch sehr von meiner bayerischen und Annas westfälischer Art. Sinnbildlich hier eine Situation aus unserer Bäckerei, die sich mir bis heute nicht erschlossen hat: Ein Mann steht in der Schlange, um sich wie so viele andere am Sonntagmorgen Schrippen, also Brötchen, zu kaufen. Seine Frau neben ihm macht ihn darauf aufmerksam, dass der Mann hinter ihnen ihn scheinbar durchdringend ansieht. Ihr Mann dreht sich daraufhin wirsch um und fragt nach hinten: »Wat kiekste mich denn so an hier?« Da sich diese Szenerie in meiner unmittelbaren Nähe abspielt, bewege ich mich vorsichtshalber einen Schritt nach hinten. Es scheint mir, dass sich hier eine saftige Schlägerei anbahnt.

»Soll ich lieber deine olle Alte ankieken, oder wat?«, erwidert der vermeintliche Starrer. Daraufhin eskaliert die Situation aber mitnichten. Überraschenderweise fangen beide Männer lauthals an zu lachen. Und sogar die »olle Alte« lacht mit. Ich habe keine Ahnung, was da vorgefallen ist. Es wird für immer ein berlinerisches Geheimnis bleiben.

Vielleicht sollten wir uns den kulturellen Begebenheiten anpassen. Die gleiche Sprache sprechen. Oder vielleicht sogar eine gänzlich andere? Eine Gruppe von Kitas haben wir bisher nämlich links liegenlassen: die Gruppe der fremdsprachigen. Ursprünglich für Kinder immigrierter Eltern gedacht, melden mehr und mehr deutsche Eltern ihre Kinder in Einrichtungen an, deren Erzieher neben Deutsch noch eine weitere Sprache sprechen. In unserem Viertel herrscht eine große internationale Vielfalt, daher gibt es auch eine Reihe Kitas mit Sprachangeboten aus aller Herren Länder.

Vielleicht ist diese Nische unsere Chance … Zwar haben wir keinerlei persönliche Verknüpfung zu China, aber in einer der Nebenstraßen gibt es einen chinesischen Kindergarten. Was könnte zukunftsweisender sein, als sein Kind frühzeitig von der chinesischen Kultur lernen zu lassen? Gustav wird uns sicher für immer dankbar sein. Und auch wenn nicht: Wir wollen die mögliche Chance auf einen Platz nicht vertun.

Als wir uns telefonisch zum Kennenlern-Termin anmelden, stoßen wir auf erste Hürden. Die Frage zu unserem ungewöhnlichen Interesse an einem Platz in einem chinesischen Kindergarten meistern wir noch mit Leichtigkeit. Schließlich haben wir uns ein wasserdichtes Konstrukt aus beruflichem und kulturellem Interesse an Asien, das wir an unser Kind weitergeben wollen, zurechtgelegt. Aber dann wird es haarig. Wir werden nach unseren Erfahrungen mit der chinesischen Kultur gefragt und danach, welche asiatischen Feste wir für gewöhnlich begingen. Wir fliegen auf, wir haben keinen blasser Schimmer von den asiatischen Feiertagen. Erstaunlicherweise dürfen wir trotzdem vorbeikommen und uns mit unserem Kind einen Einblick in die Kita verschaffen.

Zu diesem Termin sind wir besser vorbereitet. Ungläubige Blicke der anderen Eltern streifen uns – mindestens ein Teil jeweils asiatischer Herkunft. Vor allem sehen sämtliche Kinder asiatisch aus. Mit seinem blonden Schopf sticht Gustav wie eine Leuchtboje aus all den dunklen Haaren heraus.

Wir kommen mit einer Mutter ins Gespräch, die uns offen fragt, was uns hierher verschlagen habe. Sie sagt das mit einem wirklich interessierten Lächeln im Gesicht und so trocken charmant, dass ich nicht anders kann, als die Wahrheit zu sagen. Ich erzähle ihr von unserer Odyssee, und dass wir mittlerweile zu jeder Kita gingen, die unser Kind aufnähme. Auch wenn in dieser eine andere Sprache gesprochen wird als bei uns zu Hause.

Unsere neue Bekanntschaft lacht und äußert ihr vollstes Verständnis. Sie erzählt von unzähligen deutschen Freunden aus der Nachbarschaft, die nur unter großen Anstrengungen und unter Ausnutzung aller Seilschaften einen Platz in einer Kita ergattert hätten. Sie selbst sei in diesem Fall ja in der glücklichen Lage, einer hilfsbereiten Gemeinschaft anzugehören. Es gäbe eine kleine, aber relevante Gruppe von Chinesen im Kiez, die sich auch in solchen Belangen füreinander einsetze.

»Für euch sehe ich da ehrlich gesagt schwarz. Wisst ihr überhaupt, dass alle Elternabende in dieser Kita nur in Mandarin abgehalten werden? Mich wundert, dass das heute nicht so ist. Muss an euch liegen.«

Und tatsächlich: Anfangs werden noch einleitende Worte auf Deutsch gesprochen, aber nach kurzer Zeit verstehen wir nur noch Chinesisch – also nichts.

Vielleicht ist unser Plan doch nicht komplett durchdacht … Also scheidet auch diese Möglichkeit aus. Vielleicht ist es langsam an der Zeit, zu resignieren und aufzugeben. Zurück zu Alternative zwei?

5

DIE SUCHE NACH ALTERNATIVEN (ANNA)

Wenn die Verzweiflung groß ist, kommt man auf die absurdesten Ideen. Als hätten wir nicht schon genug damit zu tun, unseren Alltag nicht ins absolute Chaos abrutschen zu lassen, kommt mir ein verrückter Einfall: »Dann gründen wir eben selbst eine Kita!«, höre ich mich eines Abends zu Daniel sagen. Ich klinge energisch motiviert, Daniel guckt irritiert bis ängstlich.

Am Nachmittag habe ich eine alte Bekannte getroffen, die mittlerweile auch Mutter ist und aus lauter Verzweiflung eine Kita-Gründung in Angriff nehmen will. In Berlin werden dazu sogar Informationsveranstaltungen angeboten. Dort lernt man, welche baulichen Voraussetzungen bei der Wahl des Ortes beachtet werden müssen, welche Kosten in welcher Höhe auf einen zukommen, wie man Mitstreiter und Erzieher findet und vieles mehr. Unzählige Aspekte, die zweifellos dazu beitragen, dass man auch als Mitgründer einer Kita eine stressige Zeit zu erwarten hat. Wenn alles geschafft ist und die Eröffnung ansteht, muss man sich über eins dann aber zweifellos keine Sorgen mehr machen: zu wenige Interessenten. Folglich hat man eine Sorge weniger. So weit zu meiner (Milchmädchen-)Rechnung in den ersten Zügen.

Die Vorstellung einer Kita-Gründung in Vollzeit, bei der es bestimmt nicht bei der Diskussion um die Wandfarbe oder darum, welche Ernährung gut für die Kinder ist, bleiben wird, verwerfe ich dann so schnell wieder, wie sie mir gekommen ist. Diese Art von Diskussionen mit anderen Eltern kenne ich zur Genüge, vom nachmittäglichen Spielplatzbesuch oder auch aus Erzählungen von Freunden, die einer Elterninitiative angehören. Sie sind auch der Grund, weshalb ich niemals Mitglied einer Baugemeinschaft werden will, die hier im Prenzlauer Berg und in angrenzenden Bezirken wie Pilze aus dem Boden schießen. Ich werde nicht stundenlang über den Sinn von Nahrungsmitteln in Bioqualität geschweige denn die Farbe des Hausflurs diskutieren. Meine Erfahrung zeigt, dass nach demokratischer Abstimmung die Enttäuschung manchmal maßlos ist, als persönliche Ablehnung empfunden und schon gar nicht einfach so akzeptiert wird. In kleinen Grüppchen gehen die Diskussionen nach der Versammlung weiter. Nein, danke. So viel Mitbestimmung brauche ich gar nicht. Und will sie vor allem auch nicht von anderen Eltern. Unglaublich, wie viel Energie da verpufft, die verbrate ich lieber anderweitig. Für meine anderen offenen Baustellen. Da brauche ich nicht noch eine, die mal ein Wohnhaus werden soll.

Bei einer Kita-Gründung sind die behördlichen Hürden zudem extrem frustrierend. Wie immer und überall. Auch für die Kita-Suche existiert eine offizielle Stelle, die Hilfestellung geben soll. Im Bürgeramt gebe es ein Büro, in dem eine Liste ausgegeben würde, auf der Tagesmütter verzeichnet seien, erfahre ich von einer Bekannten.

Frohen Mutes starte ich also meinen PC und suche auf der Seite des Jugendamtes Pankow nach einem entsprechenden Hinweis zur Liste der Tagesmütter in unserem Bezirk. Heutzutage kann man ja davon ausgehen, dort fündig zu werden.

Auch im Nachhinein finde ich meine Idee gar nicht so schlecht. Aber weit gefehlt. Nach anschließender telefonischer Recherche stellt sich heraus, dass ich mir diese Liste persönlich abholen muss. Gesagt, getan. Ich bin voller Tatendrang und optimistisch, der Kinderbetreuung ein gutes Stück näher gekommen zu sein. Also packe ich mein Kind und mich warm ein und laufe durch den frostigen Winterwind zum Jugendamt. Meine Zuversicht lässt die Wartezeit wie im Fluge vergehen und alsbald befinde ich mich im Zimmer der freundlichen und zuvorkommenden zuständigen Sachbearbeiterin, die mir dann vor meinen Augen die Liste der Tagesmütter ausdruckt. Meine Überraschung darüber kann ich schlecht verbergen. Ich bin stark davon ausgegangen, diese ominöse Liste stünde sauber abgeheftet in einem Ordner im Regal und müsse kopiert werden. Aber nein. Es gibt eine digitale Version. Wieso steht sie dann nicht im Netz?

Besonders aktuell ist sie dann leider auch nicht. Die erste Korrektur wird noch vor Ort von der Sachbearbeiterin vorgenommen, weitere durch mich nach entsprechend ergebnislosen Telefonaten. Ich telefoniere die gesamte Liste in einem Rutsch ab. Es hagelt auch hier Absagen. Das Fazit: Alle Plätze sind belegt, weil so viele Eltern keinen Kita-Platz bekommen haben.

Kaum vorstellbar, wie viele frustrierende und erfolglose Behördengänge man bei einer Kita-*Gründung* vor sich hätte.

Wenn ich mit leerem Kopf nach einem langen, langen Tag mit viel Lärm um mich herum – Kindersingen, Kindergeschrei, S-Bahnen, Autoschlangen, Autohupen, Baustellenlärm – endlich auf dem Sofa lande, geht fast nichts mehr. Tagsüber wandle ich häufig wie fremdbestimmt durch mein

Leben. Immer ist da ein kleiner Kerl, der etwas von mir will, braucht, mich beansprucht mit Haut und Haaren. Aber auch andere Eltern, Freunde, Bekannte, Erzieher, Eisverkäufer. Oft stelle ich mir dann vor, was ich alles machen könnte, wenn ich ein bisschen freie Zeit hätte. Also eigentlich nur zwischen 20:30 Uhr und dem Zubettgehen. Mal in Ruhe heiß duschen, ohne dass ein kleiner Kopf hinterm Duschvorhang hervorguckt und fragt: »Du machst du, Mama?« (gern fünfzehn Mal hintereinander), kreativ sein und nähen oder stricken oder einfach nur auf der Couch liegen und lesen. Letzteres habe ich übrigens bevor ich Mutter wurde mit Hingabe im Bett getan. Jetzt ist das Schlafzimmer vom Nachwuchs belegt, der sich empfindlich in seinem Nachtschlaf gestört fühlt, wenn ich es wage, auch nur die kleinste Lichtquelle zu nutzen. Meine Freundin Lea liest deshalb ihr Buch unter der Decke mit einer Taschenlampe. Aber irgendwie machen meine Augen das nicht mit. Diese immer müden Knöpfe in meinem Gesicht fangen erst an zu brennen, dann fallen sie immer weiter zu. Das erinnert mich irgendwie an meine Studienzeit, als ich in der Bibliothek über einem unsagbar langweiligen Text eingeschlafen bin, den ich aber unbedingt für eine Prüfung lesen musste. Erziehungswissenschaften im Nebenfach.

Manchmal wünsche ich mir, auch endlich mal wieder ein eigenes Produkt in den Händen zu halten, Erfolge zu sehen. Nicht wie der Hamster im Laufrad immer dasselbe zu machen – im Haushalt und im Alltag. Ist Gustav im Bett, und manchmal auch schon Daniel, der nach einem langen Arbeitstag beim Zu-Bett-Bringen mit eingeschlafen ist, sitze ich völlig ermattet auf der Couch. Alle Muskeln sind schlaff, mein Kopf total leer, und ich kann nicht viel mehr anstellen, als einfach nur rumzuzappen. Die Programmliste rauf und runter. Ich müsste mich nur aufraffen. Es würde mir so guttun. Hinterher. An manchen Tagen schaffe ich das auch. Das ist ein tolles Gefühl. An den meisten Tagen schaffe ich es nicht. Dann weiß ich nachher nicht einmal mehr genau, auf welchem Kanal ich was geguckt habe. Es gibt auch Tage, da gefällt mir genau das: einfach nur zappen, an nichts denken, nur berieseln lassen nach einem ausgefüllten Tag. Und jeden Sonntag um 20:15 Uhr habe ich sowieso eine Verabredung mit meiner Couch und dem Fernseher. *Tatort* gucken, bevor eine neue Woche im Hamsterrad der Kita-Suche beginnt.

Neulich saßen Daniel und ich abends auf der Couch – die Energie reichte gerade noch zum Zappen. In irgendeiner Fernsehsendung ging es wie so oft in den letzten Monaten um fehlende Kita-Plätze im ganzen Land. Es war ein öffentlich-rechtlicher Sender, mehr konnte ich mir in meinem Zustand nicht merken.

In dieser besagten Sendung ging es unter anderem um die Suche einer Familie nach einem Kita-Platz für ihren kleinen Sohn in München. Dort sei die Lage, laut Sendung, absolut katastrophal. Nur so lässt sich wohl erklären, dass der Vater der Familie an einer Rallye teilnahm, bei der er als Baby verkleidet durch einen Parcours krabbeln musste. Im Wettkampf mit anderen Vätern. Wohlgemerkt in einem Einkaufszentrum, mit Schnuller im Mund. Die krabbelten nicht um ihr Leben, sondern um einen Platz in einer Privat-Kita, der über 1000 Euro kosten sollte. Im Monat, versteht sich. Jetzt ist die Frau erneut schwanger und die Familie steht wieder vor dem gleichen großen Problem. Der Vater würde es immer wieder machen – das Um-die-Wette-Krabbeln –, sagt er.

Die Verlierer dieser Suche brauchen einen neuen Plan. Wenn ihnen die Kita-Gründung nicht zusagt, kommen andere Betreuungsformen für sie in Frage. Neben einem Au-pair – teuer und braucht ein eigenes Zimmer – sowie einer Kinderfrau – noch teurer, dafür spart man sich ein Extra-Zimmer – gibt es eben noch die Tagesmütter, die ebenso wie die Kitas über das Gutschein-System der Stadt finanziert werden.

Wenn sich zwei Tagesmütter zusammentun, spricht man schon von einer Tagesgroßpflege. Dann betreuen sie gemeinsam die Kinder, und das findet in der Regel nicht mehr in den eigenen vier Wänden statt, sondern in einem eigens dafür angemieteten Raum.

Gustav hat leichtes Fieber und fühlt sich hundeelend. Mich stürzt das Kranksein meines Kindes immer in eine Krise. Ich leide mit meinem Sohn, der nicht versteht, was mit ihm passiert. Jeder, der schon mal ein Kleinkind hat brechen sehen, weiß genau, was ich meine: In hohem Bogen durch den Raum spuckend, das Gesicht vor Anstrengung, Angst und Unsicherheit verzogen; so schwach, dass der ganze kleine Körper zittert, und zumindest die ersten zwei- bis dreimal absolut überfordert von dieser Machtlosigkeit. Es geschieht einfach mit ihm. Er kann nichts steuern. Also leide ich mit ihm. Gleichzeitig tue ich mir selbst leid. Nachts liegt ein kleiner, heißer, röchelnder Kerl auf meiner Brust, der mir das Atmen schwermacht und mich schwitzen lässt, so dass an erholsamen Schlaf nicht zu denken ist. Tagsüber versuche ich, ihm viel Gutes zukommen zu lassen. Kuscheln, leckeres Essen, Spaziergang mit Bagger gucken, unendlich viele Bücher ansehen.

Mit meinem kranken Gustav gehe ich also an diesem Morgen auf einen Spielplatz um die Ecke. Auch wenn er ein wenig fiebert, hat er das Bedürfnis, sich zu bewegen. Unsere kleine Wohnung bietet einfach nicht genug Auslauf. Also raus. Frische Luft tut immer gut, vor allem kleinen, kränkelnden Jungs und mir, die das Häufchen Elend von früh bis spät betreuen muss.

Manche Tage sind gefühlt einfach deutlich länger als andere … Und auch wenn ich weiß, dass er krank ist und nur deshalb den ganzen Tag jammert, mich blöd von der Seite anmacht, weil ihm irgendetwas nicht passt, ich ihm nichts recht machen kann, wünsche ich mich tief in meinem Inneren manchmal ganz weit weg.

Auf dem Spielplatz sind an diesem Morgen zwei Tagesmütter mit ihrer Gruppe aus acht zu betreuenden Kindern. Sie bilden also eine Tagesgroßpflege. Alle Kinder sind zwischen acht Monaten und zwei Jahren alt. Die Frauen erzählen mir, dass sie häufig sehr kleine Kinder betreuen, die weder laufen noch selbständig essen, geschweige denn sich ihre Schuhe anziehen können. So müssen sie Aufgaben leisten, die bei über Zweijährigen nicht mehr anfallen, und die Betreuungsintensität deutlich erhöhen. Klar, wenn man beim Mittagessen mindestens drei Kinder füttern muss, bleibt wenig Zeit für anderes. Ich finde die beiden Frauen unglaublich sympathisch, kann viele ihrer Ansichten teilen und empfinde ihren Umgang mit den Kindern als sehr warmherzig, ehrlich und intuitiv. Eigentlich ist es genau das, was ich mir für Gustav wünsche. Und plötzlich regen sich in mir Bedenken, ob eine zu große Gruppe und die Altersspanne von ein bis sechs Jahren unser Kind nicht auch überfordern könnte. An fünf Tagen die Wochen, für an die sechs Stunden pro Tag. Ich überlege, ob es nicht besser wäre, ihn in einer häuslichen Umgebung bei einer Tagesmutter betreuen zu lassen? Zumindest bis zu seinem dritten Geburtstag ... Danach könnte er immer noch drei Jahre in den Kindergarten gehen, bis zum Beginn der Schulzeit.

Ich fasse mir schließlich ein Herz und frage direkt, ob die beiden Frauen noch einen Platz frei haben. Es gibt zwar eine kurze Warteliste, insgesamt sind sie aber sehr angetan von der Aussicht, mein fünfzehn Monate altes Kind aufzunehmen, anstatt nur Kinder im Krabbelalter und darunter.

Schon früher hatten wir über die Betreuung bei einer Tagesmutter nachgedacht, viele kontaktiert und immerhin drei Kennenlern-Gespräche hinter uns gebracht, die aus verschiedensten Gründen nicht zum Erfolg führten. Vor allem aber aus dem Grund, warum Tagesmütter generell weniger beliebt sind als Kitas: Sie sind nur vorgesehen für Kinder bis drei, so dass dann spätestens im dritten Lebensjahr des Kindes die erneute Suche losgeht.

Der Vorteil hierbei ist zwar: Man hat mehr Zeit, um die Wartelisten hochzuklettern, sofern sie denn überhaupt existieren. Auf der anderen Seite sind Tagesmütter eine tolle Alternative für die erste Zeit der Fremdbetreuung. Die Altersstruktur ist homogener, was gerade schüchternen Kindern sehr zugutekommt. Die Gruppe ist kleiner, der Betreuungsschlüssel besser, die Gruppe sehr familiär.

Wir hätten uns für unseren Sohn sehr gut eine Tagesmutter für die ersten zwei Jahre vorstellen können. Gustav war früher gegenüber Fremden sehr schüchtern, ja geradezu ängstlich. Er brauchte einen sicheren Hafen. Heute ist er ein umtriebiges kleines Kerlchen, das sich gerne auch mal aus unserem Blickfeld entfernt. Mir manchmal schon zu weit. Aber das ist gut so. Er hat enorm an Sicherheit im Umgang mit anderen Menschen gewonnen – mit Freunden, ihm bekannten und weniger bekannten Menschen. Aber ob er wirklich schon bereit ist für eine Kita? Ich werde immer unsicherer.

Also treffe ich mich noch einmal mit den beiden Tagesmüttern vom Spielplatz. Vieles weiß ich zwar bereits aus unserem ersten Gespräch. Aber über Betreuungszeiten und Ort der Betreuung haben wir noch nicht geredet. Als potentielle Neu-Mama interessieren mich diese Fakten natürlich brennend. Und genau hier liegt das Problem: Die beiden Frauen haben zusammen eine Wohnung angemietet, die von uns aus mit dem Fahrrad oder Auto in etwa fünfzehn Minuten zu erreichen ist. Für einen Kita-Weg ziemlich normal, allerdings von unserer Wohnung genau in der anderen Richtung gelegen als Daniels Arbeit, so dass sich der gesamte Weg von zu Hause über die Kita zur Arbeit auf gut 40 Minuten ausdehnen würde. Da ich als Lehrerin manchmal morgens schon um 6:50 Uhr das Haus verlassen muss, ist es Daniels Job, Gustav zur Kita zu bringen. So müsste Daniel bereits vor der Arbeit einen beträchtlichen Umweg hinnehmen. Hinzu kommt, dass Gustav bis 14 Uhr abgeholt werden müsste. Das kann wiederum ich unmöglich für jeden Nachmittag zusagen, da ich an mindestens einem Tag der Woche länger Unterricht habe und in großer Regelmäßigkeit Zusatztermine am Nachmittag anliegen.

Näher an einem Betreuungsplatz für Gustav waren wir noch nie. Umso frustrierender, dass es diesmal wir sind, die die Absage erteilen.

6

WIR WANDERN AUS NACH BULLERBÜ (DANIEL)

Es gibt nur einen Ort, an dem sich eine Familie noch mehr als Familie fühlt als in den eigenen vier Wänden, und das ist in einem schwedischen Möbelhaus. Hier wird man per du in ein Universum katapultiert, in dem scheinbar einfach alles familienfreundlich ist. Bis ins kleinste Detail ist alles auf Familien mit Kindern ausgerichtet. Und bei beinahe jedem Möbelstück hat man auch das Gefühl, dass man es unbedingt für ein entspanntes Familienleben benötigt.

Leider ist Gustav noch zu klein für das Bälleparadies Småland, dort sind erst Kinder ab drei Jahren willkommen. Beim Blick durch das Schlupfloch der Plastikbälleburg begreife ich auch recht schnell, warum. Hier herrscht eine ähnliche Hackordnung wie in den Kitas, die wir bisher besichtigt haben: Der Größere, und damit meist Stärkere, hat eindeutig das Sagen. Dem kann sich Gustav auch noch in anderthalb Jahren aussetzen. Es reicht schon, dass sich unser Kind in nicht allzu langer Zeit der Härte des Lebens in seiner zukünftigen Kita stellen muss. Vorausgesetzt, wir sollten jemals eine finden.

Statt zu spielen und zu kämpfen, muss Gustav also mit uns durch die Küchen- und Badabteilung. Ich kann es ihm nicht verübeln, dass er das nicht so spannend findet wie seine Eltern. Nach einer halben Stunde hat er endgültig die Nase

will nicht mehr im Einkaufswagen sitzen und lässt
ı nicht mit Hot-Dog-Brötchen und Apfelschorle be-
Selbst in einem so familienfreundlichen Umfeld ist ein friedliches Kleinkind keine Selbstverständlichkeit. Tun die Skandinavier in ihren Möbelhäusern also nur so, als liefe für sie das Leben mit ihren Kindern gänzlich entspannt ab?

Immer, wenn ich von Neuerungen oder wissenschaftlichen Studien lese, die etwas mit Erziehung zu tun haben, mit Schulen oder generell dem Leben mit Kindern, kommen die Paradebeispiele für perfekte Kindererziehung aus Skandinavien. Hier wird scheinbar das Familienidyll gepflegt und stetig weiterentwickelt. Und uns Nicht-Skandinaviern wird vorgemacht, Kinder und auch deren Eltern lebten dort einen weitaus glücklicheren und entspannteren Alltag.

Vielleicht liegt es auch an den hübschen, süßen strohblonden Kinderchen, die den Eindruck erwecken, als wären sie immerzu gut gelaunt und nie genervt von langen Einkaufstouren mit ihren Eltern. Eventuell liegt es aber auch an der Gesamtkonstellation. Kinder zu haben ist eben nicht nur eine Frage von günstigen, aber dennoch ansehnlichen Möbeln. Der Rahmen muss stimmen. Der politische, familiäre und nicht zuletzt der gesellschaftliche.

Bevor wir Eltern wurden, haben wir in Stockholm Urlaub gemacht. Wir frühstückten für ein kleines Vermögen ein paar Lachsbrötchen in einem Café und waren umringt von Kindern, die kreuz und quer umherliefen. Das war an sich nichts Ungewöhnliches. Anders war, dass keinen der anwesenden Gäste der Lärm zu stören schien. Alle erfreuten sich an der Präsenz der spielenden Kinder, niemand fühlte sich belästigt von den tobenden Unruheherden. Und noch etwas fiel uns auf: Alle Kinder waren mit ihren Vätern da. Keine Frau weit und breit zu sehen. Das habe ich in Deutschland noch nie gesehen. In Schweden aber scheint das ganz normal zu sein. Zudem gab es in jedem noch so kleinen Café eine Unisex-Toilette mit Wickeltisch, Gläschen mit Babykost und eine Mikrowelle, um sie zu erwärmen.

Ein befreundetes Pärchen von uns hat seinen Wohnsitz in ein Land verlegt, das laut landläufiger Meinung sehr kinderfreundlich ist: Dänemark. Beide haben dort studiert, aber ihr wichtigster Grund, dorthin umzusiedeln, war die Haltung der Dänen zu Kindern. Die Berichte aus ihrem gelobten Land klingen tatsächlich paradiesisch: Kinderbetreuung ist kein Problem, die Suche nach einem Kita-Platz offenbar gar nicht erst nötig. Berufe wie Erzieher und Tagesmutter sind, im Gegensatz zu Deutschland, angesehen und gut bezahlt. Nicht nur die Kinderbetreuung ist hervorragend, auch die Arbeitgeber sind anscheinend verständnisvoller. Dort gehören Kinder einfach dazu, zu allem. Zum Arbeiten und daher auch zum Leben. Wie unsere Freunde berichten, ist es auch für einen Familienvater nicht ungewöhnlich, früher Feierabend zu machen, wenn das Kind mal krank ist. In Deutschland kennen wir nur wenige, bei denen das keine Verwunderung hervorrufen würde. Hier ist es in der Regel die Frau, die wie selbstverständlich das kranke Kind betreut.

Kurz: Kinder zu bekommen ist in Dänemark gut mit einem Job vereinbar. Warum ist das in Deutschland so anders?

Die Geburtenrate gibt doch einen deutlichen Hinweis, wie es mit der Kinderfreundlichkeit hierzulande aussieht:

In Deutschland ist sie nämlich erschreckend niedrig. Innerhalb Europas liegt unser Land damit tatsächlich auf dem allerletzten Platz. Ein großes deutsches Nachrichtenmagazin rief bereits den »Baby-Blues« für Deutschland aus. Woran liegt es, dass in Großbritannien und Frankreich mehr als zwölf Kinder pro 1000 Einwohner geboren werden, in Deutschland lediglich acht? Das mangelnde Angebot an Kita-Plätzen ist sicher nicht alleine die Ursache dafür, aber zweifellos ein besorgniserregender Hinweis.

Am Geld kann es doch auch nicht liegen, Deutschland ist immerhin eines der reichsten Länder der Welt. Darum wurden in den letzten Jahren auch einige politische Neuerungen angestoßen und durchgesetzt, die ein noch größeres Geburtendefizit verhindern sollen. Wie das Elterngeld. Wahrscheinlich ist noch zu wenig Zeit seit seiner Einführung vergangen, um abschließend über den Effekt zu urteilen. Einen Fortschritt hat es aber auf jeden Fall gebracht: Mittlerweile scheint es relativ normal geworden zu sein, dass auch der Vater sich eine Auszeit von der Arbeit nimmt, um mehr Zeit mit seinem Kind zu verbringen. Und seien es nur die berühmten zwei »Vätermonate«, in denen nicht wenige dann auf große Familienreise gehen. Von diesen zwei Monaten ist der Schritt nicht mehr ganz so groß, auch ein paar mehr Monate zu Hause zu bleiben. Vielleicht erreichen wir eines Tages die gerechte Aufteilung der gesamten Erziehungszeit zwischen beiden Eltern.

Ich kann aber auch Leute verstehen, die bewusst kinderlos bleiben. Es ist wahrlich nicht einfach, in seinem Leben mit einem Kind alles unter einen Hut zu bringen. Irgendetwas bleibt immer auf der Strecke. Eine Entscheidung für ein Kind bedeutet auch eine Entscheidung gegen vieles andere. Zumindest für eine gewisse Zeit.

Und was bedeutet das alles für uns? Nüchtern betrachtet, wäre auswandern nicht unmöglich. Wir sind beide gut ausgebildet und offen für andere Kulturen, vor allem, wenn diese Kinder selbstverständlich in den Alltag integrieren. Der Anfahrtsweg für die Großeltern bliebe sogar fast der gleiche, würden wir statt in Berlin in Kopenhagen oder Stockholm leben. Aber wegzuziehen aus unserem Heimatland, nur weil uns etwas nicht passt, ist dann doch keine ernstzunehmende Lösung. Vielleicht versuchen wir vorerst lieber, die skandinavische Kinderfreundlichkeit auch hier zu etablieren.

Trotzdem gehe ich in den Buchladen ums Eck und frage nach einem Sprachlehrbuch für Schwedisch-Anfänger. Scheint gar nicht so schwer zu sein. In meinen zwei Monaten Elternzeit ist das sicherlich zu schaffen …

7

EIN TRAUM WIRD WAHR – DIE ZUSAGE (ANNA)

Die kurze Version: Die Suche nach einem Kita-Platz hat letztendlich nur eine Woche gedauert. Es brauchte nur zwei Anrufe, von denen einer nicht mal von mir getätigt wurde. Alles was davor geschah, war nur Vorarbeit, letzten Endes völlig nutzlose, verlorene Liebesmüh. Bei allen 53 Kitas davor war das Interesse immer bloß einseitig. Es lag nämlich ausschließlich bei uns. Wir riefen an, keiner rief zurück. Nie. Nicht ein einziges Mal. Diesmal war alles anders: Anruf von mir bei der Leitung → Warteliste → Anruf der Leitung bei mir → Zusage. Und alles innerhalb einer Woche. YIPPIE!

Im Grunde hat vielmehr Gustav die Kita gefunden.

Die lange Version: Wieder einer dieser Tage. Daniel ist aus dem Haus und mein Plan für heute lautet wie fast jeden Morgen: Wohnung aufräumen, Ordnung schaffen. Zumindest ein klitzekleines bisschen. Fürs gute Gefühl und zum Vorzeigen. Sichtbar etwas schaffen – damit fühle ich mich wohl in unserer Wohnung, in der ich seit der Geburt ungewohnt viel Zeit verbringe. Das ist mir wichtig. Zumindest im Moment – früher eher weniger. Den ganzen Tag bin ich zu Hause und habe »nur« ein Kleinkind zu versorgen. Das bisschen Haushalt macht sich von allein … Dachte ich immer. Wenn ich es jetzt schaffe, den Frühstückstisch abzudecken, eine Maschine Wäsche anzustellen und gewaschen auch aufzuhängen, bin ich schon gut. Nicht selten schaffe ich Letzteres erst Stunden später, so dass ich gut beraten bin, die Maschine lieber ein zweites Mal anzustellen – mit der gleichen, mittlerweile klammen und muffigen Wäsche.

So geht das seit über einem Jahr. Eine gute Freundin hatte mich auf mein frisch gewaschenes, aber leider müffelndes T-Shirt hingewiesen. Sie war freundlich-dezent. Trotzdem unerfreulich. Diese Freundin geht noch nicht einmal mit einem winzigen Fleck auf dem Shirt aus dem Haus. Ich seit der Geburt meines Sohnes nie ohne.

Häufig fühle ich mich wie ein Hamster im Rad. Tagein, tagaus die gleichen Dinge tun: Geschirrspüler einräumen, anstellen und wieder ausräumen. Wäsche waschen und aufhängen. Tisch abdecken, die gröbsten Krümel unter Gustavs Platz wegsaugen. Brei kochen und füttern. Wickeln. Den kleinen Mann zum Schlafen bringen. Die beiden letztgenannten Dinge mehrmals am Tag. Gustav ist nicht der beste Einschläfer, so dass sich das Procedere oft in die Länge zieht und nervenaufreibend ist. Häufig benötige ich 30 bis 60 Minuten, bis er endlich eingeschlafen ist. Dann versuche ich nach dem Stress so weit herunterzukommen, dass ich auch noch kurz die Augen schließen kann. Wenigstens für einige Minuten. Eigentlich hatte ich auf einen lebenserhaltenden Reflex gehofft, der sich nach einiger Zeit einstellt. Etwas wie zügiges Einschlafen und nach 20 Minuten wieder taufrisches Aufwachen. Körperlich sowie seelisch. Doch nix da. Nach Monaten gelingt es mir noch immer nicht, halbwegs zügig herunterzufahren, und so liege ich mit pochendem Herz neben meinem endlich selig schlafenden Knirps. Immer in angespannter Erwartung, dass Gustav gleich seine Äuglein wieder öffnet und topfit in die nächste Runde »Bespaßung von Mama« startet.

Der Klassiker ist, dass er just in dem Moment erwacht, wenn ich eingenickt bin. Und er ist ab der ersten Sekunde fit wie ein Turnschuh. Das, was ich nicht kann und mir doch so sehnlich wünsche, beherrscht Gustav in Perfektion: Power-Napping. Ich bin am Ende dazu übergegangen, mich einfach gar nicht mehr hinzulegen.

Um elf Uhr bin ich noch im Schlafanzug, der Käse vom Frühstück um halb sieben wellt sich bereits an den Rändern und der kleine Gustav ist schlecht drauf. Keine Lust auf gar nichts. Ich eigentlich auch nicht. Ich versuche aufzuräumen, mein Sohn spielt Sirene. Da hilft nur eins: raus gehen und Bagger gucken. Das geht immer. Wenn ich ganz großes Glück habe, finden wir eine Baustelle, strategisch günstig neben einem schönen Café gelegen. Dann haben wir beide etwas davon. Gustav kann Bagger gucken und ich genüsslich einen Kaffee trinken. Meist ist das Vergnügen allerdings einseitig: viele Bagger, selten neben einem Café.

Ich packe unsere Siebensachen, während sich Gustav auf dem Boden kugelt. Abwarten ist nicht gerade seine Stärke. Ich arbeite daran. Klar, er ist auch erst ein Jahr alt. Was will man da erwarten? Schließlich habe ich heute noch Probleme zu warten. In der Schlange an der Supermarktkasse zum Beispiel. Da habe ich immer das Gefühl, dass es an den anderen Kassen viel schneller vorangeht und ich mich wieder falsch angestellt habe. Während ich dann so dastehe und warte, beobachte ich unruhig die Menschenschlangen rechts und links von mir und überlege, ob ich mich nicht doch in einer von diesen Schlangen einreihen sollte. Vielleicht komme ich dann schneller dran. Wenn ich mich aber endlich dazu entschließe, gibt es an meiner Kasse eine Retour, eine aufgeplatzte Mehltüte oder oder oder … Das ärgert mich dann umso mehr. Warten ist nicht meine Stärke. Von wem soll Gustav es dann lernen?

Zwanzig Minuten später stehen wir auf der Straße. Ich klitschnass geschwitzt und außer Atem, der kleine Mann laut schreiend, da er nicht im Kinderwagen sitzen bleiben möchte. Aber nach dem Geschleppe von zehn Kilogramm Kind und gefühlten 20 Kilogramm Gepäck (Wickelzeug, Buddelzeug, Ersatzzeug, Flasche und Gläschen …) aus dem vierten Stock Altbau bis nach unten habe ich keine Kraft mehr, meinen Sohn auch noch draußen spazieren zu tragen. Und, ehrlich gesagt, auch keine Lust. Das ist doch ein typisches Bild: Der Vater oder die Mutter trägt das mittlerweile ziemlich schwere Kind unter einem Arm und schiebt mit der freien Hand den vollbeladenen Kinderwagen über das holprige Berliner Straßenpflaster. Alternativ kann man ein hysterisch schreiendes Kind im Buggy durch das Viertel rollen. Die Aufmerksamkeit aller ist einem in beiden Fällen sicher. Am allerauffälligsten glotzen im Übrigen immer andere Eltern, häufig mit dem eigenen Nachwuchs an der Hand oder im Buggy. Sie bleiben stehen und kommentieren für ihren Nachwuchs den beobachteten Schreianfall mit den Worten: »Der Junge ist sauer, du ärgerst dich manchmal auch ganz doll …« Da muss ich dann noch tiefer durchatmen. Wahrscheinlich sind die einfach nur heilfroh, dass es dieses Mal andere getroffen hat. Kann übrigens sein, dass ich manchmal auch so gucke. Bestimmt sogar.

Ich beschließe, mich von dem Gebrüll nicht aus der Ruhe bringen zu lassen und laufe beschwingt los. An der nächsten

Ecke links, den Hundehaufen ausweichend, dann einmal rechts und wieder links. Schon bin ich da. Helmholtzplatz – Prenzlauer Berg. Willkommen im Kinderland! Spielplatz, Kindercafé, Kinderläden, aber auch Hunde und Scherben und in einer angrenzenden Straße ein großer gelber Bagger. Das Objekt der Begierde. Leider ist die Baustelle so positioniert, dass ich nicht parallel einen Kaffee trinken kann. Aber mit Kind wird man weniger anspruchsvoll, was das eigene Wohlbefinden anbelangt. Der Bagger sorgt vorerst für ein Ende des Geschreis, und in vorderster Reihe steht sogar ein kleines Mäuerchen, so dass ich die nächste Stunde über wenigstens nicht stehen muss – was will man mehr.

Ein Buch hätte ich mir mitbringen sollen. Nirgendwo kann ich so ungestört lesen wie neben einer Baustelle. Gustav ist beschäftigt, und den früher so störenden Baulärm kann ich inzwischen gut ausblenden. Doch heute bleiben wir nicht lange allein. Lisa und ihr Sohn Hans, wir kennen uns aus dem Geburtsvorbereitungskurs, gesellen sich zu uns. Sie kommen gerade aus dem Spielzeugladen gegenüber, und Hans bestimmt den nächsten Programmpunkt: Bagger gucken. Lisa ist nicht begeistert, aber wenigstens können wir nun ein wenig quatschen.

Schnell sind wir beim Thema Kita-Suche angelangt. Als gäbe es nichts Wichtigeres im Leben einer jungen Mutter. Gibt es natürlich. Aber alles andere wird von der Suche nach einem Kita-Platz in den Hintergrund gedrängt. Das liegt wohl daran, dass mindestens ein Arbeitsplatz, die finanzielle Absicherung der Familie, die berufliche Zukunft, die berufliche Erfüllung beider Eltern und letztlich auch der Haussegen davon abhängen. Ein Rattenschwanz enormen Ausmaßes. Die Bedeutsamkeit eines Kita-Platzes hatte ich vor der Geburt unseres Sohnes unterschätzt. Wie vieles andere im Übrigen auch.

Ich besitze eine bemerkenswerte Routine bei der Führung eines »Ich-suche-dringend-einen-Kita-Platz-finde-aber-keinen-und-langsam-drängt-wirklich-die-Zeit-und-außerdem-bin-ich-genervt-von-der-wenig-erquickenden-Suche«-Gesprächs. Es läuft immer nach folgendem Muster ab: »Und habt ihr schon einen Platz?« – »Nein, ihr?« – »Nein, aber wir stehen immerhin auf 53 Wartelisten.« Anschließend Aufzählung der unglaublichsten Erlebnisse rund um die Kita-Platzsuche. Austauschbare Geschichten, da alle das gleiche Grauen erleben, darum nicht weniger deprimierend.

Auf ein Neues, denke ich. Doch heute kommt alles unerwartet anders. Lisa strahlt über das ganze Gesicht und berichtet von einer Platzzusage! Bei einer Kita! Hier im Viertel!, was doch ungefähr so wahrscheinlich ist wie ein Sechser im Lotto. Die Firma, in der Lisas Mann arbeitet, hat einen Kooperationsvertrag mit besagter Kita abgeschlossen, deshalb hat Hans nun ab dem Sommer dort einen Platz. Schade, schießt es mir durch den Kopf, diese Möglichkeit fällt für uns flach. Daniels Arbeitgeber unterstützt solche sinnvollen Kooperationen nämlich nicht. Doch die für mich wirklich bedeutsame Info folgt erst noch: In der Kita wird demnächst eine neue Gruppe gegründet, in der es noch freie Plätze geben müsste ... Waaas? Mein Herz rast, ich hyperventiliere fast. Ich wittere unsere Chance. Vor meinem geistigen Auge haben wir den Kita-Platz schon im Sack. Ich tippe wie wild die Telefonnummer in mein Handy und speichere sie unter »KITA« ab. Ich verabschiede mich so schnell, dass es fast unhöflich ist, von Lisa, Gustav sich unter lautem Gebrüll vom Bagger – seine Verabschiedung ist nicht ganz freiwillig – und schiebe den Kinderwagen im Affenzahn in Richtung nach Hause. Meine Aufregung ist so groß, dass ich mit dem Anruf keine fünf Minuten mehr warten kann. Außerdem weiß man nie, was Gustav zu Hause wieder anstellt, was einhundertprozentige Aufmerksamkeit erfordert, und ich möchte nicht riskieren, die Öffnungszeiten der Kita zu verpassen. Also sofort! Gedacht, getan.

Der Leiter der Kita ist freundlich, wenn auch reserviert. Er möchte keine allzu große Hoffnung bei mir schüren, bejaht aber die Eröffnung einer neuen Gruppe im nächsten Monat. Ja, ja, ja! Bitte, bitte, bitte, denke ich. Ich erzähle ihm, wie dringend wir einen Platz benötigen, dass übernächste Woche mein Job beginnt, wie lange wir schon suchen, wie verzweifelt wir sind. Der Leiter sei emotional auch ganz auf meiner Seite, versichert er mir recht unemotional. Entsprechend nüchtern ist dann seine Erklärung für die Zurückhaltung: Die Eröffnung der neuen Gruppe wird noch etwas dauern und auch hier stehen schon zu viele Kinder für zu wenige Plätze auf der Warteliste.

Enttäuscht beende ich das Gespräch. Unsere Chance ist gleich null, denke ich panisch. Es wäre auch zu schön gewesen.

Also weiten wir die Kita-Suche räumlich über die Grenze unseres Bezirks aus. Als sogenannter Bezirksferner bekommt man jedoch nur einen Platz in einer Kita, wenn kein bezirkseigenes Kind diesen beansprucht.

In welchem angrenzenden Berliner Kiez gibt es denn bitte freie Kita-Plätze, die nicht besetzt werden können? Auch warnt uns jeder, dass eine Strecke von vier Kilometern durch die Stadt die absolute Obergrenze sei, die man jeden Wochentag mit einem Kleinkind zurücklegen möchte. Morgens hin, nachmittags zurück.

Rückblickend kann ich sagen: Wir hatten absolut keine Ahnung. Zwei Erwachsene, ein Kind, zwei Jobs, eine Kita bedeuten einen enormen logistischen und zeitlichen Aufwand. Das ausgeklügelte System funktioniert so lange, wie Normalität herrscht. Sobald uns ein außerordentlicher Termin, Krankheit des Kindes oder noch schlimmer: Krankheit eines Elternteils – kann nur noch durch Krankheit beider Elternteile getoppt werden – ereilt, bricht alles wie ein Kartenhaus in sich zusammen. Äußerst fragil.

Auch wenn wir das mit der Entfernung zwischen Wohnung und Kita während unserer Suche noch nicht so glauben wollen, bleibt immer noch das Problem mit der Zugehörigkeit zu einem bestimmten Bezirk.

Auch wenn es in den umliegenden Bezirken in den Kitas nicht viel besser aussieht, bieten die dortigen Tagesmütter endlich mal einen Lichtblick am Ende des dunklen Tunnels der ewigen Kita-Suche. Zwei Tagesmütter aus einem benachbarten Bezirk haben wenigstens je einen freien Platz und geben uns damit Hoffnung. Frohen Mutes machen wir uns auf den Weg zum Termin mit einer der beiden. Wir fahren zu dritt mit dem Auto hin. Freitagnachmittag gegen 15:30 Uhr. So langsam dämmert uns, dass der Hinweis mit dem Weg nicht ganz aus der Luft gegriffen ist. Nach zähen 30 Minuten sind wir am Ziel und erst einmal sehr ernüchtert. Von der Strecke zwischen unserer Wohnung und der Tagesmutter, von den Räumlichkeiten, dem Garten und leider auch von der Person selbst. Dass sie nicht nett, zuvorkommend und bemüht ist, kann man gar nicht sagen. Aber irgendwie stimmt die Chemie einfach nicht. Nicht zwischen uns Eltern und ihr und auch nicht – was viel wichtiger gewesen wäre – zwischen ihr und Gustav. Ich glaube, ihr geht es genauso. Das ist menschlich. Manchmal passt es. Manchmal aber auch einfach nicht.

Wieder zurück im Auto, habe ich eine Nachricht auf der Mailbox. Daniel startet den Wagen, ich die Nachricht.

Es ist der unemotionale Leiter der Kita, die eine neue Gruppe aufmacht. Nun geht doch alles schneller mit der Eröffnung, den meisten Eltern auf der Warteliste zu schnell. Uns kann es nicht schnell genug gehen. Weil wir so flexibel sind, können wir einen der freien Plätze bekommen.

In zwei Wochen geht es los. Gustav kommt in die Kita, ich gehe wieder zur Schule.

DIE ERSTEN SCHRITTE

8

DAS ERSTE ELTERNGESPRÄCH (DANIEL)

»Gehen Sie schon einmal in mein Büro – ich bin gleich bei Ihnen«, spricht es und ist schon wieder um die nächste Ecke verschwunden. Irgendwie habe ich mir den Leiter einer Kindertagesstätte anders vorgestellt. Eher Birkenstock als schicke Schnürschuhe, weniger mit dunklem Anzug, mehr mit Batik-Leibchen. Da sitzen wir nun. Anna und ich auf den beiden Stühlen gegenüber dem Chefsessel, dazwischen ein Schreibtisch, auf dem unablässig das Telefon schrillt. Gustav lümmelt auf meinem Schoß herum. Die ganze Situation erinnert mich stark an meine Schulzeit, wenn ich im Zimmer des Direktors auf den Leiter der Anstalt wartete, ebenso dasitzend wie jetzt.

»So, da bin ich wieder bei Ihnen. Eine Erzieherin ist erkrankt, und so musste ich selbst ein interessiertes Elternpaar durch unsere Räume führen.« Mit diesen Worten lässt sich der Kitaleiter schwungvoll in seinen Drehstuhl fallen, in dem er langsam hin- und herpendelt. Ich versuche, seinen Blick zu fangen und mich nicht von seiner Unruhe anstecken zu lassen. Gelingt leider nur bis zu einem gewissen Grad.

Noch immer trunken ob der sensationellen Nachricht über den ergatterten Kindergartenplatz, erhielten wir die Einladung zu diesem ersten Elterngespräch, um die Einzelheiten der Eingewöhnung zu besprechen. Hier sind wir also. Voller Erwartungen auf das, was nun kommen mag.

Während der Kitaleiter seine Einleitungsworte abspult, dämmert mir langsam, dass Gustav in den nächsten Jahren sehr viel Zeit an diesem Ort verbringen wird. Unter der Woche wahrscheinlich sogar mehr Stunden als zu Hause, zumindest im wachen Zustand. Mich beschleicht ein sonderbares Gefühl. Es kriecht ganz langsam vom Magen den Hals rauf – ich spüre es in meiner Speiseröhre. Je mehr der Leiter über den Kita-Alltag, die Anzahl der Kinder pro Quadratmeter, über den Betreuungsschlüssel, also das Verhältnis von Erziehern pro Kinder, erzählt, desto höher kriecht das Gefühl. Mittlerweile schmeckt es bitter.

Ich gucke auf meinen kleinen Sohn hinab, der friedvoll auf meinem Schoß kauert und voller Neugierde die Welt um sich herum betrachtet. Ich denke daran, dass er gerade mal fünfzehn Monate alt ist.

»Und wenn Sie dann am ersten Tag kommen …«

Es gelingt mir nicht, bei Sache zu bleiben. Statt mir anzuhören, wie der Kitaleiter die nahe Zukunft meines Sohnes ausmalt, grübele ich über der Frage, ob dies wirklich der richtige Platz für meinen kleinen Sohn ist. Bis zu diesem Zeitpunkt war Gustav immer von Gewohntem umgeben: seinem gewohnten Umfeld, seinen gewohnten Bezugspersonen. Uns. Bis auf wenige Stunden waren immer Anna oder ich für ihn da. Häufig beide. Wenn wir mal für ein paar Stunden nicht da waren, waren es seine Großeltern. Muss er denn schon so früh an die weite Welt da draußen herangeführt werden? Aus Erzählungen von Freunden mit Kita-Kindern wissen wir, dass ein Tag in der Kita für Kinder gleichbedeutend ist mit einem Arbeitstag für uns Eltern. Genauso anstrengend, genauso lang, genauso viele Reize. Reicht es nicht, wenn sich die ersten Erfahrungen mit der harten Realität mit der Schulzeit in dem kleinen Kerl breitmachen?

Der Kitaleiter vor mir redet noch immer, und ich steige wieder ein. »Bitte planen Sie mindestens vier Wochen für die Eingewöhnung ein. Derjenige Elternteil, der Gustav begleiten wird, nimmt sich am besten vier bis sechs Wochen frei.«

Der eingewöhnende Elternteil bin ich. Mein Arbeitgeber wird sich freuen! Und unser Jahresurlaub ist damit auch schon verplant.

»Selten, aber es kommt vor, benötigen Kinder bis zu sechs Wochen, bis sie sich richtig eingewöhnt haben. Ganz selten klappt es gar nicht«, höre ich den Leiter sagen. Seine Stimme klingt dumpf und dringt kaum zu mir durch. Meine Hände kleben mittlerweile vor Anspannung an den Stuhllehnen, und ich hoffe, mich verhört zu haben. Das hatte ich mir irgendwie anders vorgestellt. Schneller, einfacher, besser. Hinbringen, in Ruhe Kaffee trinken gehen und durch die Zeitung blättern, abholen, den Nachmittag gemeinsam genießen. Am liebsten zusammen mit Anna, zu dritt, wenn sie nicht erst mal von ihrer Arbeit verschluckt wird.

Ich war eher davon ausgegangen, dass wir unseren Kleinen zum vereinbarten Starttermin zu den fachkundigen Erzieherinnen bringen würden und damit aus dem Schneider wären. Vielleicht nicht direkt, aber doch sehr bald. Dass dem nicht so ist, wird uns in diesem Gespräch nun überaus eindringlich nähergebracht. Ich gucke Anna an. Im Profil kann ich leider nicht erkennen, was sie gerade denkt. Bestimmt Ähnliches wie ich. Oder sie denkt an Sonne, Strand oder etwas vergleichbar Schönes und tut nur so, als würde sie den Ausführungen des Kitaleiters interessiert lauschen. Das beherrscht sie gut. Zettel und Stift für all die Informationen wären gut gewesen, denn wie ich mich kenne, weiß ich nachher nur noch die Hälfte. Ich hoffe, Anna hat besser aufgepasst.

Auch wenn wir für den ergatterten Kita-Platz erst einmal unser Arbeitspensum herunterschrauben müssen, statt es zu erhöhen, weshalb wir uns den ganzen Stress ja überhaupt erst angetan haben, bin ich doch froh darüber. Denn die Zeitplanung hört sich durchaus vernünftig an und positiv für unseren Kleinen und damit auch für uns. Aber auch mit einer behutsamen Eingewöhnung wird es Tränen geben, auf beiden Seiten. »Die Eingewöhnung läuft wie folgt ab: Sie kommen am ersten Morgen Punkt 10 Uhr in die Einrichtung und …«

Ein vorsichtiger Blick auf die Uhr an der Wand verrät mir, dass wir seit 17 Minuten hier sitzen und den Ausführungen des Kitaleiters lauschen. 17 Minuten Zeit, sich umzuschauen. Das Büro wirkt wie das eines ambitionierten Karrieretypen im mittleren Top-Management. Kein Spielzeug, keine Farben. Stattdessen Computer und verchromte Möbel. Vielleicht ist dieses Ambiente bewusst gewählt, um Eltern wie uns die Wichtigkeit der Institution vor Augen zu führen. Als ich den Begriff »Elterngespräch« hörte, hatte ich andere Bilder im Kopf.

Obwohl wir seit Monaten kaum ein anderes Thema kannten, erfahren wir hier zum ersten Mal von der Eingewöhnung. Hinter diesem harmlosen Begriff steckt ein durchaus kompliziertes Unterfangen.

»Wir können das Kind ja nicht einfach ohne Konzept in die Kita schubsen und es alleine lassen. Unser Ziel ist eine einfühlsame Eingewöhnungsphase, in der das Kind lernt, sich zum allerersten Mal von seinen Eltern zu trennen.«

So ist das also. Und wir Eltern? Uns und unsere elterlichen

Gefühle erwähnt der gute Herr nicht mit einem Wort. Wir trennen uns genauso das erste Mal von unserem Sohn, um ihn von fremden Erzieherinnen in einer fremden Umgebung betreuen zu lassen. Damit wir arbeiten gehen, uns beruflich verwirklichen, aber auch um unser Familienleben finanzieren zu können.

Ich komme mir plötzlich egoistisch und hartherzig vor, ein Rabenvater, der sein Kind viel zu früh in eine Kita gibt, um zu seinem alten Leben zurückzukehren. Dabei könnte doch auch ich unseren Sohn betreuen. Anna war die letzten fünfzehn Monate bei Gustav, da könnte ich doch zumindest die nächsten zehn zu Hause bleiben. Das wäre nur gerecht. Am Ende dieser Zeit wäre Gustav zwei und würde vielleicht schon ein paar Worte beherrschen, mit denen er sich verständlich machen könnte, wäre reifer, geeigneter für die Betreuung außer Haus, als er mir im Moment gerade erscheint, wie er da so auf meinem Schoß kuschelt.

Der Kitaleiter nähert sich mit seinen Ausführungen dem Ende.

»Eine Erfolgsgarantie für die Eingewöhnung gibt es nicht«, erklärt er uns. Und er müsse uns darauf hinweisen, dass wir, sollte Gustav das unbekannte Umfeld nicht annehmen, den Anspruch auf den Kita-Platz in ihrer Einrichtung wieder aberkannt bekämen.

Dass uns das nicht passieren wird, ist Anna und mir klar. Schließlich haben wir schon bei der Kita-Suche eindrucksvoll bewiesen, dass wir es ernst meinen und nicht so schnell klein beigeben. Wir werden alles für eine erfolgreiche Eingewöhnung tun.

Hochmotiviert und verantwortungsbewusst melde ich mich freiwillig, dieses Unterfangen in Angriff zu nehmen, was mir einen erstaunten, wenn nicht gar belustigten Blick des Kitaleiters einbringt. Es scheint bislang noch nicht so oft vorgekommen zu sein, dass sich der Vater und somit ein Mann an der Eingewöhnung des Sprösslings versuchen möchte.

Mit einem Achselzucken reicht mir der Kitaleiter einen detailliert ausgearbeiteten Leitfaden, der mir »zur Orientierung« dienen soll, wie er sagt.

Er händigt mir ein Heftchen mit 26 Seiten aus. Der Kitaleiter sagt: »Falls Sie noch Anmerkungen dazu haben, die für zukünftige Elternpaare wichtig sein könnten, steht es Ihnen selbstredend frei, sie dem Dokument hinzuzufügen. Bitte in Schriftgröße 12 mit anderthalbfachem Zeilenabstand.« So viel Mitspracherecht will ich dann eigentlich auch nicht. Und lesen werde ich es auch nicht. Als ich den Leitfaden noch am selben Abend in die Hand nehme, fallen mir schon nach wenigen Zeilen die Augen zu. Dieses Kompendium kann mir sicher nichts beibringen.

Als ich aufstehen will, betont der Kitaleiter nochmals die Wichtigkeit und die nicht zu unterschätzende Härte der Eingewöhnung. Mir kommen die Ausführungen des guten Mannes übertrieben vor. Seine martialische Wortwahl erstaunt mich, und selbst nach diesem langen Gespräch frage ich mich noch, was an der ganzen Sache so schwer sein soll. An seinem ersten Tag werde ich Gustav in die Kita begleiten und mich, sobald es ihm gefällt, zur Arbeit begeben. Fertig. Diesen ganzen pädagogischen Überbau brauche ich nicht. Schließlich sind wir in keinem Waldorfkindergarten. Und unser Sohn ist nicht aus Zucker, auch wenn er ausgesprochen süß ist.

In der Nacht vor Beginn der Eingewöhnung habe ich einen Traum, der mich aus dem Schlaf aufschrecken lässt. Eigentlich bin ich nicht der Typ für Alpträume, meine bisherigen kann ich an einer Hand abzählen. Umso verwunderter bin ich, dass mich der Traum in meine eigene Kindheit versetzt hat, genauer gesagt an meinen ersten Schultag.

Ich habe meinen ersten Tag als Grundschüler in nicht allzu guter Erinnerung. Schon immer eher schüchtern, versuchte ich, mich in den neuen Räumen zurechtzufinden und mit den neuen Kameraden zurechtzukommen. Bisher eingebettet in ein harmonisches Zuhause und einen behüteten Kindergarten erschrak ich über die Lautstärke und die Rivalität, die zwischen meinen Mitschülern herrschte. Besonders einer stach aus der Menge aus neuen Gesichtern heraus, sein Name war Sven. Als hätten seine Eltern schon bei der Geburt gewusst, wen sie zum Sohn bekommen würden, nannten sie ihren Jungen nach dem schlimmsten Bösewicht der späten 80er Jahre: dem »Schrecklichen Sven« aus *Wickie und die starken Männer*. Sven terrorisierte mich und alle anderen Mitschüler vom ersten Tag an. Kein Streich, keine Folter war ihm zu grausam, um sie nicht an uns auszuprobieren.

Als ich schweißgebadet aufwache, beschleicht mich Panik. Was, wenn es in der Kita auch einen schrecklichen Sven gibt, der sich an meinen kleinen Sohn ranmachen und ihm noch Jahrzehnte später schlaflose Nächte bereiten wird? Ich tröste mich mit dem Gedanken, dass Sven, der rothaarige Spinner aus meiner Grundschule, später der ungeliebte Mofarocker unserer Kleinstadt wurde und jetzt Hausmeister an unserer alten Schule ist.

9

DIE EINGEWÖHNUNG – ZUM ABGEWÖHNEN (DANIEL)

Tag 1

Um 10:00 Uhr sollen wir da sein. Bis heute war ich es nicht gewohnt, feste Zeiten einzuhalten, wenn ich mit meinem Sohn unterwegs war. Unsere Ausflüge beschränkten sich meist auf Spielplatz- und Kindercafébesuche ohne jeglichen Zeitdruck. Kinder und Zeitdruck vertragen sich einfach nicht. Meist können wir uns Trödeleien und Umwege ohne weiteres leisten. Heute nicht.

In Windeseile packe ich die Sachen. Alle, die uns aufgetragen wurden. Einen ganzen Rucksack voll. Vorsichtshalber gehe ich die Liste, die mir der Kitaleiter in die Hand gedrückt hat, nochmals durch. Nicht, dass ich schon am ersten Tag einen schlechten Eindruck hinterlasse. Ich höre eine Erzieherin zur anderen sagen: »Jetzt hat der Vater die Hälfte vergessen. Wie kann man denn das Kind bei dem Wetter ohne Mütze in die Kita schicken?!«

Dabei liegt es in der Natur der Sache. Schließlich bin ich ein Mann. Wir Männer können nie an alles denken, auch wenn wir das manchmal glauben. Der von der Frau verfasste Einkaufszettel wird schon im Eingangsbereich des Supermarkts in den Müll geworfen. Als wäre man nicht in der

Lage, sich fünf Dinge zu merken! Kehrt man naturgemäß mit nur drei Sachen nach Hause zurück, gilt man prompt als unzuverlässig. Dabei haben wir Männer doch eine prima Entschuldigung: »Nur ihr Frauen seid in der Lage, mehrere Dinge gleichzeitig zu machen. Und dabei seid ihr auch noch besser, als wir es je könnten.«

Ich bin ein Mann, ich kann nicht anders. So wie Frauen grundsätzlich immer an alles denken und gar nichts vergessen können, so sind wir Männer einfach nicht dazu fähig, uns mehr als drei Dinge zu merken. Multitasking können wir nicht. Multi-Einkaufen auch nicht. Multi-Packen erst recht nicht. Das denke ich, während ich den Rucksack auf den Rücken und Gustav auf meine Schultern setze und mich auf den Weg mache.

Als wir Christa, der Erzieherin in Gustavs Gruppe und von nun an unsere offizielle Bezugsperson, gegenüberstehen, fühle ich mich mit meiner Männer-Theorie nicht mehr ganz so sicher. Gustav und ich werden von oben bis unten gemustert. So freundlich sie uns beiden auch begrüßt, ein gewisser Argwohn in ihrem Blick lässt sich nicht leugnen. Mein Selbstbewusstsein schwindet. Hilflos überreiche ich ihr den Rucksack mit Gustavs Sachen. Sie öffnet ihn fachmännisch, und ein Lächeln huscht über ihr Gesicht. Eher höhnisch amüsiert als herzlich.

»Hmm«, machte sie, »ich ahnte es schon. Da ist ja nicht mal die Hälfte aller Sachen drin, die auf der Liste stehen. Die Matschhose fehlt und die Sonnencreme, und Zupftücher sehe ich auch keine.« Na ja, von den Vätern kennen wir das ja, immer nur die Hälfte dabei. Sagt sie nicht. Denkt sie aber. Da bin ich mir sicher. Ihr Blick spricht Bände, ihr Kopf wiegt langsam von links nach rechts, wie ein Segelboot bei leichtem Seegang. Um zu unterstreichen, dass sie das als hilflosen Anfängerfehler empfindet, streichelt sie Gustav zärtlich über den Kopf.

Das kann ja heiter werden, denke ich und antworte mit einem entschuldigenden Achselzucken. Mein Lächeln deutet sie wohlwollend. Christa entspricht schon mal meinem Klischee. Bereits um den Finger gewickelt. Ein Kinderspiel wird das hier. Aber was zur Hölle sind eigentlich Zupftücher?

In der Kita gibt es lauter Worte, von denen wir noch nie gehört haben, es ist eben eine eigene Welt für sich – sogar mit eigener Sprache.

Christa führt uns durch die Räumlichkeiten, zeigt uns die Garderobe und die Toiletten. Dass ich nur jedes zweite Wort von ihr verstehe, scheint sie nicht zu merken, und wenn doch, dann nicht zu stören. In den Kita-Räumen herrscht ein beeindruckender Lärmpegel. Unzählige Kinder rennen kreuz und quer umher, bewerfen sich mit Legosteinen und Papierkügelchen. Für einen kurzen Moment glaube ich, einen etwa vierjährigen Jungen mit einem einer Harpune nicht unähnlichem Gerät gesehen zu haben. Ich beschließe aber, dass mir nur mein Schrecklicher-Sven-Trauma einen Streich gespielt hat.

Nachdem wir die Innenräume inspiziert haben, werden wir zum Stolz der ganzen Kita geführt: dem Außenbereich, augenzwinkernd auch der »Kindergarten« genannt. Und es stimmt, für eine Grünfläche mitten in der Stadt ist dies eine imposante Anlage, sogar mit echten Bäumen, echten Sträuchern und einer echten Wiese. Auch hier rennen Horden von Kindern umher. Was vor allem eins bedeutet: noch mehr Lärm. Da würde nicht mal eine Lärmschutzmauer helfen. Ich denke an Dezibelwerte und Presslufthämmer.

Christa scheint den Krach gar nicht zu hören, woraus ich schließe, dass dies wohl der Normalzustand ist. Mein Sohn krallt sich immer fester an mich. Er wirkt überfordert. Auch das nimmt seine neue Erzieherin nicht wahr.

»Du spielst bestimmt gern im Garten, Gustav, oder?« Muss ich ihr jetzt erklären, dass wir in einer Großstadt leben? Der kleine Mann auf meinem Arm kennt Gärten nur aus schwedischen Heile-Welt-Kinderbüchern. Sein entsetzter Blick bestätigt mich.

Wir beobachten das Geschehen eine halbe Stunde lang, dann ist schon wieder Schluss, und wir dürfen nach Hause gehen. Der erste Tag dient nur dem ersten Kennenlernen, Interaktion mit anderen Kindern und Erziehern ist erst am zweiten Tag vorgesehen. Im Inneren gratuliere ich der Kita zu diesem pädagogischen Konzept und bin heilfroh, der akustischen Hölle für heute entronnen zu sein.

Man möchte meinen, Kindern beim Spielen zuzusehen sei nicht anstrengend. Dennoch schläft Gustav sofort auf seinem Fahrrad-Kindersitz ein. Ich bin mir nicht sicher, ob das ein gutes oder ein schlechtes Zeichen ist.

Tag 2

Da es in Strömen regnet, fällt der Gartenspaß heute aus. Christa erklärt uns, was stattdessen auf dem Programm steht: Kennenlernen der anderen Kinder, im Anschluss gemeinsames Musizieren. Als ich mir diese Horde krachmachender Rotzlöffel mit Musikinstrumenten vorstelle, steigt Panik in mir auf. In wenigen Minuten wird sich die ohnehin bereits ohrenbetäubende Lautstärke noch potenzieren! Warum habe ich bloß meine Ohrstöpsel vergessen?

Da Flucht als Option ausscheidet, ergebe ich mich in mein Schicksal und finde mich in einem Sitzkreis im Gruppenraum wieder. In der Mitte steht eine Kiste mit Holzinstrumenten. Gustav sitzt auf meinem Schoß und wartet gespannt, was jetzt passieren wird. Nachdem Christa alle Kinder aufgefordert hat, sich ein Instrument zu nehmen, angle ich stellvertretend für meinen schüchternen Sohn eine Rassel aus der Kiste. Er ist sichtlich erfreut und rasselt fröhlich drauflos. Mir klingeln die Ohren.

Plötzlich, noch bevor die anderen Kinder ins Gerassel und Geschepper einstimmen, schießt ein dicker, käsiger Junge auf Gustav zu und entreißt ihm die Rassel, Zornesfalten auf der Stirn. Mein Kleiner schreit auf, das dicke Kind lächelt triumphierend und kehrt zu seinem Platz zurück. Ich versuche, Gustav zu trösten, der völlig verstört vor sich hin weint. Diese Form von Gewalt – und jede andere – kennt er nicht.

»Freddie hat immer die Rassel«, erklärt Christa und lässt keinen Zweifel daran, dass sich an dieser Tatsache auch nichts ändern wird. Ich bin entsetzt. Was für ein fieses Kind. Ich beschließe, ihm später in der Garderobe eine große Prise Spielplatzsand in seine Öko-Schuhe zu streuen. Dein Heimweg wird dir heute sehr lang vorkommen, du Satansbraten.

Gustav fängt sich schnell wieder und ist eifrig bei der Sache. Sogar mir beginnt es langsam Spaß zu machen, scheinbar gewöhnt man sich tatsächlich an die Lautstärke. Auch der kleine dicke Freddie ist eigentlich doch ganz in Ordnung – nach ein paar Minuten bietet er Gustav seine Rassel an. Allerdings nicht, ohne ihm klarzumachen, dass sie nur geliehen ist – für ganz kurze Zeit.

Am Ende von Tag zwei werde ich mit einer Aufgabe für den nächsten Tag betraut. Eine halbe Stunde nach Ankunft soll ich mich am nächsten Tag langsam von Gustav entfernen. Wie genau ich das tun soll, ist mir nicht klar. Also schlage ich zu Hause im Kita-Leitfaden nach. Das 26 Seiten starke Kompendium rät mir, mich Schritt für Schritt zurückzuziehen. Als Hilfsmittel soll ich einen Baum benutzen, hinter den mich stellen kann. Sollte Gustav mich trotzdem entdecken, darf ich meine Deckung auf keinen Fall aufgeben, sondern muss warten, bis die Erzieherin das Zeichen dazu gibt. Kommando abgeben. Ich verstehe.

Seltsamerweise kehrt in dieser Nacht mein Alptraum zurück. Der Schreckliche Sven verfolgt mich diesmal mit einer kreischenden Motorsäge. Ich laufe um mein Leben. Als ich an mir hinunterblicke, bemerke ich, dass sich dort, wo mein Rumpf sein müsste, ein Baumstamm befindet. Ich bin ein hechelnder Baum, der um sein Leben rennt.

Tag 3

»Gehen Sie doch einfach mal und verstecken Sie sich hinter dem Baum dort.« Aha, auch Christa hat das Kompendium gelesen. Der Baum, den sie meint, steht keine fünf Meter vom Sandkasten entfernt, in dem Gustav spielt. »Und achten Sie darauf, dass Gustav Sie nicht sehen kann, Sie ihn aber schon.«

Wie sollte das denn bitte gehen? Ich trage eine Brille, mein Sohn hingegen hat Adleraugen. Aber was tut man nicht alles für die gute Sache? Obwohl ich mir noch gar nicht sicher bin, wie gut diese hier tatsächlich ist.

Während ich von dannen schleiche und versuche, nicht in das Blickfeld meines Kindes zu geraten, spielt Gustav seelenruhig mit einem Bagger. Ich erreiche den Baum und schiebe mich dahinter. Wie ich so dastehe, bemerke ich, dass der Baum gerade mal die Hälfte meines Umfangs misst. Nicht so geschickt, denke ich noch. Da hat Gustav mich schon entdeckt. Na, sechs Sekunden waren das mindestens. Eine eher kurze Trennung. Er schreit wie am Spieß. Ich kann ihn verstehen. Wäre ich an seiner Stelle, würde es mich auch irritieren, meinen Vater dabei zu beobachten, wie er versucht, sich hinter einem viel zu schmalen Baum zu verstecken. Bestimmt denkt er nun, ich hätte sie nicht alle.

Unsicher, was ich tun soll, stehe ich neben meinem neuen Wurzelfreund. Ich will nichts falsch machen. Die Eingewöhnung nicht gefährden. Ich beginne zu schwitzen, meine Hände kleben. Mein Sohn schreit und starrt mich aus weit aufgerissenen Augen an. Ist dies der Moment, in dem ich als Vater entscheiden sollte: Schluss, das will ich meinem Kind nicht zumuten? Ganz eigenständig, ohne Rückversicherung durch eine Erzieherin? Wo sie doch die Erfahrene von uns beiden ist.

Zum Glück entschärft Christa die Situation in diesem Moment mit einer Reiswaffel. Wieder einmal erweist es sich als Segen, dass Gustavs Leidenschaft fürs Essen alles andere überwiegt. Selbst mein eigenartiges Verhalten.

Als wir uns auf den Heimweg machen, sind wir beide erschöpft. Mir brummt zum dritten Mal in Folge der Kopf, und Gustav schläft zum dritten Mal in Folge im Fahrradsitz ein, kaum dass wir das Kita-Gelände verlassen.

Tag 4

Nachdem Christa die Baumaktion zu einem vollen Erfolg erklärt hat, können wir die nächste Stufe erklimmen.

»Gustav kann seinen Mittagsschlaf heute in der Kita machen«, sagt sie und versichert mir, dass das gar kein Problem ist. Sie mache das seit über 35 Jahren und bisher habe es immer geklappt.

Da kennt sie aber meinen Sohn nicht, der ist nämlich anders als all die anderen. Bevor ich Vater von Gustav wurde, dachte ich immer, Babys könnten immer und überall schlafen. Wären sie einmal eingenickt, würden sie so schnell nicht wieder aufwachen, und nicht einmal eine neben ihnen gezündete Bombe könne sie aus ihren süßen Träumchen reißen.

Nicht so bei Gustav. Ist er nach längerem Rumtragen und Rumschaukeln endlich eingeschlafen, muss man sich für die Dauer seines Schlafes auf Samtpfoten bewegen. Das kleinste Geräusch schreckt ihn auf. In einer Altbauwohnung mit knarzigen Dielenböden kein angenehmes Problem. Und wehe, das Telefon klingelt – der Anrufer hat meist keine guten Karten, ruft er im falschen Moment an.

Mittlerweile sind mir viele unserer Strategien peinlich, mit denen wir versuchen, unser müdes Kind ins Land der Träume zu befördern. Eine Zeitlang habe ich Gustav frühmorgens im Tragetuch das Treppenhaus hoch- und wieder runtergetragen, da ihn das schaukelnde Auf und Ab nach wenigen Minuten einschlafen ließ. Wenn mir ein Nachbar entgegenkam, tat ich immer so, als ginge ich zum Postkasten oder zum Bäcker.

Irgendwann half das Treppensteigen nicht mehr, so dass ich dazu überging, mit Gustav vorm Bauch in unserem Kiez spazieren zu gehen. Als es Winter wurde, musste ich mir etwas anderes einfallen lassen. Mir fiel nichts ein. Daher schläft Gustav nachts immer noch nicht länger als drei Stunden am

Stück, außer er ist krank und völlig entkräftet. Tagsüber lassen uns schon 30 Minuten in Jubelgeflüster ausbrechen.

Aus diesem Grund bin ich mehr als skeptisch, ob Gustav in fremder Umgebung in einem fremden Bett umgeben von fremden Kindern schlafen wird.

»Das klappt nie«, höre ich mich zu Christa sagen, doch das entmutigt sie nicht.

»Bei mir sind noch alle eingeschlafen. Lassen Sie mich nur machen.«

Was bleibt mir anderes übrig? Also stelle ich mich darauf ein, nach kürzester Zeit eine vollkommen entnervte Erzieherin am Telefon zu haben, die mich auf Knien darum bittet, den kleinen Nichtschläfer abzuholen.

Zur Mittagszeit verabschiede ich mich von Gustav und beziehe Stellung in einem Café um die Ecke, das gezückte Telefon vor mir auf dem Tisch. Aber es kommt kein Anruf. Nicht nach fünf Minuten, auch nicht nach einer halben Stunde. Ich werde unruhig. Hoffentlich hält sich das Drama in Grenzen und Gustav darf am nächsten Tag wiederkommen. Mir läuft es kalt den Rücken hinunter, als mir einfällt, was der Kitaleiter im Elterngespräch mehrmals betonte: »Falls die Eingewöhnung Ihres Sohnes wider Erwarten nicht klappen sollte, wird der Platz an ein anderes Kind vergeben.«

Vielleicht hätte ich doch das ganze Kompendium lesen sollen. Ich beschließe, das noch am selben Abend zu tun.

Als ich zwei Stunden später in die Kita komme, um Gustav abzuholen, spielt er vergnügt mit Christa im Sandkasten. Sie winkt mir zu und erzählt freudestrahlend: »Sofort, nachdem Sie weg waren, ist er eingenickt und hat fast anderthalb Stunden geschlafen. War gar kein Problem.«

Es gibt sie also, die Wunder, an die man nicht glaubt. An

dieses glaube ich schon gar nicht. Krass, wie enorm der Gruppenzwang in diesen jungen Jahren schon ist.

»Morgen können Sie getrost gleich wieder gehen. Ich denke, wir haben es geschafft – in Rekordzeit. Gustav fühlt sich pudelwohl bei uns!« Zum Beweis deutet Christa auf meinen Sohn, der sich gerade mit einem Lächeln im Gesicht eine Handvoll Sand in den Mund schiebt.

»Sie haben das richtig gut gemacht.« Sie zwinkert mir zu, und damit sind Gustav und ich in den erlauchten Kreis der Kita-Gemeinschaft aufgenommen.

Auf dem Weg nach Hause drehen wir mit dem Fahrrad eine euphorische Extrarunde. Unser Erfolg ist eine Belohnung wert, und die heißt Schokoladeneis. Ein großes Schokoladeneis. Der strömende Regen ist mir egal – so glücklich macht eine erfolgreiche Eingewöhnung.

Wenn mich später andere Eltern nach der Eingewöhnung fragen, werde ich immer sagen: »Ach, mit Gustav war das total easy. Ich musste nichts weiter tun, als mich nach und nach ein paar Schritte von ihm zu entfernen. War gar nicht schwer, kann jeder.«

Was für eine tolle Eigenschaft des Menschen, sich nur noch schemenhaft an unangenehme Zeiten zu erinnern.

Ein paar Wochen später bekomme ich eine Einladung zu einem Klassentreffen. Nach 25 Jahren will sich meine Grundschulklasse wiedersehen. Ich freue mich, was für eine nette Idee.

Wer das organisiert hat? Das beiliegende Foto zeigt einen gutaussehenden Mann, zwei bildhübsche Kinder in seinem Arm. Sein Name: Sven.

10

ERZIEHER – EINE SEHR EIGENE SPEZIES (ANNA)

Meine eigene Erzieherin, die mich vor fast 30 Jahren im Kindergarten betreute, war damals so alt wie ich jetzt. In meiner Erinnerung ist sie unbeschreiblich herzlich, kuschelig, emotional, mitreißend, unternehmungslustig, kann gut trösten, basteln, singen. Zudem gab es in meinem Kindergarten damals noch einen männlichen Erzieher, etwa im gleichen Alter. Er hatte eine wunderbare Vorlesestimme, begleitete unser kindliches Singen mit seiner Gitarre, konnte tolle Buden bauen, war ein begeisterter Handwerker, bot eine Schulter zum Anlehnen.

Wenn man so einen bunten Strauß schöner Erinnerungen an seine eigenen Erzieher hat, wünscht man sich in etwa die gleichen Erlebnisse für sein Kind. Eigentlich klar, dass mit dieser Erwartungshaltung der Aufprall in der Realität nur unglaublich hart werden kann. Eine Bruchlandung allererster Güte.

Gustavs Erzieherinnen Christa und Birgit sind nette Damen mittleren Alters, Gustav mag sie, er lässt sich von ihnen trösten, aber die engere Bindung hat er definitiv zu seinen kleinen Freunden. Das gibt mir häufig zu denken. Christa ist fröhlich bunt gekleidet, leider nicht immer entsprechend gelaunt. Sie ist freundlich im Umgang mit den Kindern, aber von überschwänglicher Herzlichkeit kann keine Rede sein. Sie ist für eine Erzieherin ziemlich reserviert, die von außen sichtbare Distanz spiegelt wohl ihre Einstellung gegenüber den Kindern wider. Christa wirkt häufig müde, ausgelaugt, ja desinteressiert. Nach gut 25 Jahren ist ihr die Freude an der Arbeit mit Kleinkindern offensichtlich vergangen. Schade für sie und schade für unsere Kinder.

Ich kann sie verstehen. Sie arbeitet seit Jahrzehnten mit Kindern unter zwei Jahren. Die Kommunikation ist gering, die körperliche Beanspruchung enorm, und wie viele Windeln sie in ihrem Leben schon gewechselt haben muss, mag ich mir gar nicht erst vorstellen. Da ist es umso wichtiger, eine tolle Kollegin zu haben, mit der man gerne und gut zusammenarbeiten kann. Und mit der man sich wenigstens ein bisschen etwas zu erzählen hat, wo die Kinder schon wenig sagen. Ich kenne Ähnliches von Klassenfahrten mit der Unterstufe. Da tut ein Gespräch unter Erwachsenen am Abend einfach not.

Birgit und Christa harmonieren nicht besonders gut. Im Gegensatz zu Christa kleidet sich Birgit immer in Schwarz. Sie ist ebenso freundlich, aber noch weniger herzlich. Beiden fehlt die Begeisterung an der Arbeit mit Kindern. Doch die Kinder mögen beide. Vielleicht ist der fehlende Enthusiasmus eher ein Problem für uns Eltern. Weil wir wissen, dass es auch anders geht.

»Ich bin janz dolle böse«, eröffnet Gustav morgens die Gesprächsrunde am Frühstückstisch. Seine berlinerische Ausdrucksweise lässt mich schmunzeln. Als ich ihn angucke, gefriert mein Lächeln. Totale Verunsicherung, ja sogar Angst sprechen aus seinem kleinen Kindergesicht.

»Wer sagt denn so etwas?«, will Daniel wissen und hebt ihn auf den Schoß. »Christa«, antwortet er zaghaft, aber bestimmt. Wir trösten Gustav und versuchen den Vorfall in der Kita zu rekonstruieren. Kein leichtes Unterfangen, wenn der einzige Zeuge der Situation sich sprachlich noch nicht so gut ausdrücken kann. Allem Anschein nach hat Gustav unerlaubterweise ein Buch aus dem Regal genommen und es auf den Fußboden geschmissen. Ich merke, wie Wut in mir aufsteigt. Gepaart mit einer Hilflosigkeit, die mir die Tränen in die Augen treibt.

Wie kann eine erwachsene Erzieherin solch eine Aussage gegenüber meinem Sohn tätigen und ihn damit offensichtlich derart verunsichern und ängstigen? Und vor allem: Wieso weiß ich nichts von diesem Vorfall, der zumindest für Gustav von Bedeutung war?

Ich ärgere mich über die zuweilen schlechte Kommunikation zwischen den Erziehern und uns Eltern. Ich möchte gar nicht wissen, was und wie viel Gustav gegessen hat und wie viel davon wie oft wieder herausgekommen ist. Aber wenn ich am Abend einen blaugrünen Abdruck eines Kindergebisses am Oberarm meines Sohnes entdecke, hätte ich davon gerne vorher gewusst. Nachmittags beim Abholen war mal wieder »alles in Ordnung«. Ich sehe das anders. Selbst nach gut eineinhalb Jahren in der Kita gibt es immer noch kein Entwicklungsgespräch, kein nettes »Wir-erzählen-euch-mal-wie-es-dem-Gustav-hier-so-ergeht«-Gespräch und auch sonst kaum mehr Austausch als das sich täglich wiederholende Geplänkel über seine Ausscheidungen. Nach der erwähnten Beißattacke hatte ich eine kurze Unterhaltung mit Christa am Sandkasten. Darin fünfzehn lautstark spielende und tobende Kinder, ein weiteres saß weinend auf ihrem Schoß. Ja, sie habe es einfach vergessen zu erwähnen. Bei so vielen Kindern, so vielen Vorfällen bleibe das manchmal nicht aus.

Alles, was wir von den Erziehern mitgeteilt bekommen, sind Banalitäten. »Alles okay, zweimal in die Hose gemacht, brav aufgegessen.« Nichts, was von großer Wichtigkeit ist für uns. Darüber, was uns wirklich wichtig ist, wird ohne gezielte Nachfrage unsererseits kein Wort verloren. »Viel zu viele Kinder, zu viele Eltern, zu wenige Erzieher und zu wenig Zeit.« Das sind die Erklärungen der Erzieher, und leider stimmt es.

Gustav ist solange alleine ohne uns, und was wissen wir aus dieser Zeit? Erschreckend wenig. Geht es ihm gut, was macht er, welche Gedanken, Probleme hat er? Hatte er Streit mit anderen Kindern oder sogar mit einem der Erzieher? Das Feedback für uns Eltern ist gering. Die Unwissenheit macht mich hilflos, weil ich Aussagen von Gustav, die er mittlerweile zu Hause tätigt, nicht einschätzen kann: Wann hat die Situation überhaupt stattgefunden? Manchmal erzählt er uns Dinge, die scheinbar am gleichen Tag passiert sind. Später stellt sich heraus, dass sie schon Monate zurückliegen. Wie ist die Situation wirklich abgelaufen, wie ging es ihm dabei? Ich fühle mich manchmal so außen vor und habe dadurch ein schlechtes Gewissen. Dass ich ihn jeden Tag in fremde Hände gebe und dabei so wenig von seiner Zeit dort mitbekomme. Merke ich überhaupt, wenn es ihm dort nicht mehr gut geht? Wäre er nicht doch besser zu Hause aufgehoben? Spätestens nachmittags, wenn ich Gustav abhole, er quietschvergnügt mit seinen kleinen Freunden durch die Gegend rennt und gar nicht mitkommen will nach Hause, schwinden meine Unsicherheit, meine Ängste, mein schlechtes Gewissen. Bis zur nächsten Eröffnung der morgendlichen Gesprächsrunde durch Gustav.

Man kann es aber auch schlechter treffen. In der Kita von einer Bekannten gibt es eine Erzieherin, die immer so aussieht, als käme sie gerade aus der Kneipe und leider auch so riecht – sagt die Bekannte. Wenn diese Erzieherin morgens bereits gefühlt den Aschenbecher ausgeleckt hat, passt das nicht mit den kleinen, gutriechenden Kindern zusammen, die ihr auf dem Schoß herumturnen. Zudem regelt sie die meisten Probleme im Kasernenton: »Komm da runter. Nein, habe ich gesagt«, schallt es im Stakkato durchs Gelände, so dass man sich im besten Fall auf einen Hundeübungsplatz versetzt fühlt. Auch einige ihrer Regeln sind fragwürdig. So darf im Garten kein Ball gespielt werden – aus Rücksicht auf den Rasen. Jede Zuwiderhandlung zieht ein militärisches »Nein« nach sich.

Regeln sind grundsätzlich gut, aber zu starre können Qual bedeuten. In der Kita von unseren Nachbarn müssen die Kinder bis zum vierten Geburtstag mittags schlafen – ohne Ausnahme. Dabei sind Kinder nicht nur in ihrem Schlafverhalten sehr unterschiedlich, die einen schlafen gefühlt immer, die anderen nie. Da alle Kinder mittags gut schlafen, sehen die Erzieher keine Veranlassung, die strikte Regelung zu ändern. Aber einige Eltern haben dadurch jeden Abend Programm bis 22 Uhr. Denn ihre Kinder haben ja schon eineinhalb Stunden vorgeschlafen. Vor allem eine alleinerziehende Mutter bringt die Schlafsituation an die Grenze ihrer Kräfte. Sie steht morgens mit ihrer Tochter auf und geht abends mit ihr ins Bett. Die betroffenen Eltern brachten auch Gespräche mit den Erziehern kaum weiter, denn diese beanspruchten weiterhin ihre Mittagspause, die mit wenigen älteren Kindern nachvollziehbar ruhiger ausfällt.

Ein großes Problem beim Erzieherjob ist das Einkommen. Meine Freundin Martina ist gelernte Orthopädietechnikerin. Da sie nicht dauerhaft in diesem Beruf arbeiten wollte, hat sie ein Studium der Sozialen Arbeit draufgesetzt und vor zwei Jahren mit sehr gut abgeschlossen. Sie arbeitet nun in einer Wohngruppe für verhaltensauffällige und schwer erziehbare Mädchen. Kein Job, den jeder machen kann oder will. Um Geld zu sparen, deklariert ihr Arbeitgeber ihre Stelle als Erzieherstelle und bezahlt sie entsprechend. Also schlecht. Wie in den meisten sozialen Berufen ist das Gehalt meiner Freundin am unteren Ende der Skala angesiedelt.

Ist uns die Betreuung unserer Kinder, unserer Alten und unserer Kranken wirklich so wenig wert? Wieso verdienen Menschen in sozialen Berufen so wenig, dass sie mit ihrem Gehalt kaum ihre eigene Familie ernähren können?

Genauso paradox ist es, dass alle einen eklatanten Männermangel in unseren Kitas und Grundschulen anmahnen, sich auf der anderen Seite aber niemand dafür einsetzt, dass sich das ändert. In den Medien ist immer die Rede von der geringen Anerkennung für den Beruf des Erziehers, der Männer angeblich davon abhält, diese so schöne und vor allem wichtige Aufgabe zu übernehmen. Übersehen wird dabei, dass Mann mit einem Erziehergehalt keine Familie ernähren kann.

Ein Bekannter von mir arbeitet 30 Stunden pro Woche als Erzieher. Nach Abzug der Miete für seine, auch für Berliner Verhältnisse, kleine und billige Wohnung bleibt von seinem Gehalt weniger übrig als der Hartz-IV-Regelsatz.

Wir leben also in einem Land, in dem diejenigen, die unsere Kinder betreuen, sich mit ihrem Gehalt selbst kaum eigene Kinder leisten können. Wer sich dann doch Kinder leistet, weil vielleicht der Partner ganz gut verdient, bei dem fällt spätestens nach der Elternzeit das zweite Gehalt wieder weg, wenn einer der beiden Eltern zu Hause bleibt, um den Nachwuchs zu betreuen.

»Na, dann müssen halt beide schnell wieder arbeiten gehen«, könnte man einwenden, und damit schließt sich der Kreis, denn wenn man keinen Kita-Platz für seine Kinder bekommt, wird daraus nichts.

Kind und ein Beruf mit geringem Einkommen lassen sich eben nicht so einfach verbinden wie Kind und ertragreiche Karriere. Wenn das Familieneinkommen 100 000 Euro im Jahr beträgt, ist die Finanzierung einer Kinderfrau ein Kinderspiel. Eine Krankenschwester und ein Bäcker hingegen verdienen nicht nur zu wenig, um eine Kinderfrau zu beschäftigen, sie arbeiten auch noch beide im Schichtdienst. Entweder es gelingt ihnen, ihre Dienstpläne so zu koordinieren, dass immer einer beim Kind bleiben kann – was dazu führt, dass sie sich als Paar nur noch die Klinke in die Hand geben. Oder es tun sich große Betreuungslöcher auf, die nur durch eine 24-Stunden-Kita geflickt werden können. Zumindest in Berlin gibt es solche Einrichtungen. Für manche Eltern sind sie die einzige Möglichkeit, Kind und Beruf unter einen Hut zu kriegen.

Deshalb ärgert es mich, wenn die Problematik in den Medien pauschalisiert wird. Weil es besser klingt, lauten die fettgedruckten Überschriften immer nur »Kind und Karriere«. »Kind und Beruf«, was viel mehr Familien betrifft, ist etwas ganz anderes.

»Dann soll sich halt keiner Kinder anschaffen, wer es sich nicht leisten kann«, könnte die Lösung lauten. Aber ist es so einfach? Können wir uns als Gesellschaft so leicht aus der Affäre ziehen? Wo stehen wir denn dann in 100 Jahren? Ohne Kinder, nur mit alten Menschen um uns herum? Innerhalb der nächsten 15 Jahre schrumpft die deutsche Bevölkerung um fünf Millionen Menschen, meldete vor kurzem eine große Tageszeitung. Und was ist mit dem dringenden Wunsch vieler Paare, ein oder mehrere Kinder zu bekommen?

Ist es unter den genannten Umständen ein Wunder, dass Christa und Birgit und manch ein anderer Erzieher seinen Frust mit an den Arbeitsplatz nimmt, wo ihn die Menschen in seiner unmittelbaren Umgebung zu spüren bekommen? Unsere Kinder? Nicht nur in einer der Kitas, die wir besichtigt haben, hatten wir das Gefühl, eher in einem Krankenhaus als an einem Ort für Kinder gelandet zu sein. Steril. Kalt. Ohne Atmosphäre. Gekachelt wie im Schwimmbad. Lange Gänge ohne Bilder, Spielzeug oder Leseecken. Andere hatten so kleine Gruppenräume, dass sich die Kinder stapelten wie Sardinen in der Dose. Wie sollen Kleinkinder mit Gustavs Bewegungsdrang in so einer Einrichtung glücklich werden? In der Großstadt haben ja auch nur wenige Kitas große Gärten, die die räumliche Enge in den Räumen kompensieren können.

»Tu dies nicht, komm da weg, lass das liegen«, schallte es uns in nicht wenigen Einrichtungen mit dem bekannten Berliner Charme entgegen, so dass ich mich fragte, wo denn die Erzieher meiner Träume abgeblieben sind. Erzieher, wie ich sie selbst als Kind erleben durfte. Sie boten mir ein Zuhause außerhalb meines Elternhauses, und ich habe sie geliebt.

Herzlich, offen, dem Kind zugeneigt, mit Lust an der Arbeit mit Kindern, enthusiastisch, liebevoll. Solche haben wir kaum getroffen. Vielleicht ist es auch ein Problem unserer persönlichen Suche gewesen, denn viele unserer Freunde, die verstreut in der Republik leben, schwärmen von den Erziehern ihrer Kinder. Männer und Frauen, die trotz aller Widrigkeiten Spaß an ihrem Beruf haben und die schlechte Bezahlung, geringe Anerkennung und die unvorstellbare körperliche Belastung gern in Kauf nehmen. Schlussendlich haben auch wir ein paar solcher Exemplare getroffen, aber längst nicht so viele, wie wir uns gewünscht hätten.

11

LASST UNS DOCH DARÜBER REDEN – ELTERNABEND AUF KINDERSTÜHLEN (DANIEL)

Nachdem die ersten wilden Wochen des Kita-Lebens überstanden sind, hängt in der Garderobe unserer Gruppe ein Aufruf zum Elternabend am Schwarzen Brett. Zwei Wochen später um 17 Uhr haben wir uns im Gruppenraum einzufinden. Just in dem Moment, als ich die Mitteilung lese, kommt unser Kitaleiter herein.

»Gut, dass ich Sie sehe. Ich wollte Sie daran erinnern, dass nächste Woche Elternabend ist. Gerade Sie sollten auf jeden Fall kommen.« Er setzt einen strengen Blick auf.

»Warum gerade ich?«, frage ich erstaunt.

»Weil ALLE zum Elternabend kommen sollen!« Aus dem strengen Blick des Kitaleiters wird der eines Generals.

»Ja, aber Sie sagten gerade, ich solle auf jeden Fall erscheinen ...«

»Ja, gerade SIE, Sie sind neu und wissen noch nicht viel!« Damit geht der Kitaleiter seines Weges. Ich schüttele den Kopf. Ob er sich gegenüber allen Eltern so verhält? Oder haben wir in der kurzen Zeit bereits einen so schlechten Eindruck hinterlassen?

Doch er soll recht behalten: Ich bin völlig ahnungslos bezüglich dessen, was uns beim Elternabend erwartet.

Zu Hause folgt die nächste Überraschung. Mir wird eröffnet, dass ich von nun an für Elternabende zuständig bin. Auf meine Frage, von welcher Tatsache sich diese Verantwortlichkeit ableitete, folgte die Erklärung, dass Anna als Pädagogin auf Elternabenden nichts zu suchen habe.

»Elternabende sind für die Eltern da, nicht für die Lehrer oder Erzieher.« Annas Miene lässt mich wissen, dass jeder Widerstand zwecklos ist. Immerhin erläutert sie mir noch, dass das Ganze auf einer Art Ehrenkodex beruht: Da sich Lehrer auf Elternabenden als Elternteil in einer Doppelrolle fühlten, ist es ihnen grundsätzlich nicht möglich, an derartigen Veranstaltungen teilzunehmen. Schnell wird man in eine selbstreferentielle Opferrolle hineinmanövriert, die es unmöglich macht, Probleme konkret und effektiv zu lösen.

Ich versuchte erst gar nicht, einzuwenden, dass dies eine ganz perfide Ausrede ist, denn Diskussionen über den Beruf des Lehrers enden meist in kleinlauten Entschuldigungen meinerseits und dem ehrlichen Eingeständnis, dass hier der Neid über die sechswöchigen Sommerferien der treibende Argumentationsgeber ist.

Was mich aber nachdenklich macht, ist die Tatsache, dass ich ab jetzt für den Rest des Kita- und Schullebens unserer Kinder für jeden Elternabend zuständig sein werde. Wie soll ich damit umgehen, mit sportlichem Ehrgeiz oder mit einer gleichgültigen Haltung? Ich beschließe, mir einzureden, dass mein Kind in bildungstechnischer Hinsicht seiner Mutter folgen wird. Weder aufgrund schlechter Noten noch durch auffälliges Verhalten wird es deshalb notwendig sein, zu Elternabenden zu erscheinen. Stattdessen werde ich in eine Kneipe meines Vertrauens gehen und Stunden später mit freudestrahlender Miene nach Hause zurückkehren: »Alles super, die Lehrer sind wirklich nett, unser Sohn ein Musterschüler.«

Dass es durchaus sein kann, dass der Sprössling eher nach seinem Vater gerät, also mir, verdränge ich gekonnt. Meine Eltern mussten an Elternabenden so einige Hiobsbotschaften hinnehmen. Gefährdete Versetzungen, aufmüpfiges Verhalten, fehlende Hausaufgaben und ausbleibende Motivation. Mit Graus erinnere ich mich an die Abende, an denen ich hilflos darauf wartete, dass meine Mutter oder mein Vater vom Elternabend zurückkehrte, im Gepäck Nachrichten über mich, die ich ihnen wohlweislich vorenthalten hatte. Am Ende ist doch dann immer alles gut ausgegangen. Trotzdem ist bei mir das Thema Elternabend nicht unbedingt positiv besetzt, und so bin ich froh, dass meine Elternabend-Karriere in einer Kita beginnt. Was kann da schon zu erfahren sein?

Als sich mein erster Elternabend nähert, werde ich morgens vermehrt von anderen Eltern angesprochen, die sich erkundigen, was ich am Abend zur Sprache bringen möchte. Dass ich hierauf keine Antwort habe, kommt einigen recht seltsam vor. Passt dem etwa alles hier? Sieht der nicht, dass hier nicht alle Dinge rund laufen, oder hat der keine Meinung dazu? Immerhin geht es um unsere Kinder!

In der Garderobe erwähnt eine Mutter beiläufig, dass sie sich auf jeden Fall für eine Wahlmöglichkeit zwischen vegetarischem und veganem Essen einsetzen möchte.

»Isst Ihr Kind denn wirklich vegan?«, frage ich erstaunt und werfe einen Seitenblick auf ihr süßes, durchaus wohlgenährtes Töchterchen.

»Natürlich nicht«, entgegnet die engagierte Mutter, »aber

die Kinder sollten auf jeden Fall die Möglichkeit haben, sich frei zu entscheiden! Wenn sich mein Kind vegan ernähren wollen würde, dann muss es das auch können!«

Ihre Argumentation lässt sich kaum entkräften. Dennoch bin ich skeptisch, ob Kinder unter zwei Jahren die Dimension einer veganen Ernährung in allen Ausprägungen erfassen können. Da hat sich's dann nämlich mit den leckeren Gummibärchen und der Schoki, wenn man aufs Knie gefallen ist.

Trotzdem gibt mir die Unterhaltung zu denken. Habe ich wirklich gar nichts auszusetzen? Oder wenigstens ein paar Dinge, die man anders gestalten könnte? Hier geht es immerhin um das zweite Zuhause meines Sohnes!

Als ich das Thema auf den Abendbrottisch bringe, erarbeiten wir gemeinsam ein paar Aspekte, die man ansprechen könnte. Am Ende stehen fünf Punkte auf meiner Liste. Anna ringt mir das Versprechen ab, mindestens zwei beim Elternabend anzubringen.

Es ist seltsam, die Kita ohne sein Kind zu betreten. Von außen muss es einen nicht unkomischen Anblick bieten, erwachsenen Menschen in einer kindlichen Umgebung zuzusehen. Das Mobiliar ist für geringe Körpergrößen ausgerichtet, und so sitzen fast zwei Meter große Männer auf Stühlen für ein Meter große Kinder. Das sieht lustig aus, wird aber von allen Teilnehmern geflissentlich ignoriert. Da auch das Geschirr nur in Kindergrößen vorhanden ist, trinken wir unseren Kaffee aus kleinen Plastiktassen und somit in homöopathischen Dosen.

Die anwesenden Eltern bilden einen eher untypischen Querschnitt durch die Bevölkerung unseres Viertels. Die

Prenzlberger wurden in letzter Zeit viel gescholten. Nachdem dieser Stadtteil einige Jahre als das angesagte Szeneviertel des neuen Berlins galt, sind die ehemaligen Partymacher und Künstler erwachsen und sehr familiär geworden. Mitunter auch »Pregnancy Hill« genannt, ist der Prenzlauer Berg derzeit der Inbegriff der Öko-Baby-Medienfraktion und nun bevorzugt bewohnt von modernen, neokonservativen Kleinfamilien. Eine Mischung aus Akademikern, Schauspielern, zugezogenen Wahlberlinern, ein paar Senioren und wenigen Alteingesessenen, die sich die Mieten noch leisten können. In unserer Kita hat sich über die Jahre dagegen ein breiterer Mix gehalten, der das ganze Berlin widerspiegelt.

Da sitzen wir nun auf den Stühlen unserer Kinder im Kreis und sprechen über den Nachwuchs. Einige der Eltern kenne ich bereits, andere sehe ich zum ersten Mal. Ich glaube zu erkennen, wer ein geübter Elternabendgänger ist und wer das wie ich zum ersten Mal macht. Als absoluter Neuling bin ich etwas nervös. Keine Ahnung, was mich hier erwartet.

Der Kitaleiter eröffnet den Abend und hält eine beeindruckende Rede über die jüngsten Entwicklungen des Hauses. Jeden Moment erwarte ich, dass er einen Beamer in Gang setzt und uns ein paar Charts an die Wand wirft. Obwohl er eine glänzende Performance hinlegt, spukt mir während seiner Präsentation immer wieder der Begriff Themaverfehlung durch den Sinn. Ich war schon bei einigen Hauptversammlungen diverser Aktiengesellschaften zugegen und kenne den Ton und das Vokabular solcher Veranstaltungen. Die gleiche Wortwahl in der Kita meines Sohnes zu hören befremdet mich.

Kaum hat der Leiter seinen Monolog beendet und den

Frageteil eröffnet, kommen auch schon die ersten Wortmeldungen. Als Erstes meldet sich eine Frau zu Wort, die bereits während der Ansprache des Leiters nervös auf ihrem Stuhl hin- und hergerutscht ist. Ihr brennt sichtlich ein wichtiges Thema unter den Nägeln: das Essen. Entweder hat sie sich mit der Dame von heute Morgen abgesprochen, oder es ist für viele Eltern das Topthema Nummer 1. Ich hoffe Ersteres.

Dabei sieht die Mutter gar nicht aus, als läge ihr Essen an sich besonders am Herzen. Im Gegenteil, sie ist so knochig gebaut, als ließe sie mindestens zwei von drei Mahlzeiten aus. Schnell stellt sich heraus, warum. Sie ist Veganerin.

»Ich möchte anregen, das Essensangebot deutlich zu erweitern«, sagt sie. »Es ist ja toll, dass die Lebensmittel Bio-Qualität haben und aus lokaler Produktion stammen, aber es fehlt eine vegane Alternative.« Das Outfit der Mutter spiegelt ihren Willen zur Vielfältigkeit. Sie trägt Kleidungsstücke in allen Farben des Regenbogens, das ganze Spektrum von oben bis unten.

Das sei gar nicht weiter schlimm, fährt sie fort, aber ein Ereignis hätte sie doch sehr erzürnt. Auf einem Bild in der Foto-Dokumentation habe sie gesehen, wie ihr Kind eine Bratwurst in der Hand halte, von der es auch noch voller Genuss abbeiße. Mit Ketchup! Zum Beweis hält sie das Bild in die Höhe, das sie scheinbar aus der Foto-Dokumentation herausgerissen hat. Die gute Frau schüttelt es beinahe vor Ekel. Mit den bunten Fotowänden zeigen die Erzieher, was die Kinder so erleben. Oft sind sie die einzig zuverlässige Informationsquelle über den Alltag im Kindergarten.

Ein Blick in die Runde verrät mir, dass ich nicht der Einzige bin, den die Bratwurst-Geschichte eher amüsiert als erzürnt.

Die Veganerin zieht ein Gesicht, als seien wir ihr kollektiv in den Rücken gefallen. Die Kitaleitung eingeschlossen. Ihr wird zwar versprochen, dass es künftig keine weiteren Bratwurst-Vorkommnisse mehr geben wird, auf vegane Ernährung könne jedoch keine Rücksicht genommen werden. Bei der Vielzahl der Wünsche und Befindlichkeiten sei es einfach unmöglich, die Auswahl so weit zu differenzieren. Die bereits übliche vegetarische Alternative würde es aber in jedem Fall auch weiterhin geben.

Damit ist das Thema Ernährung gegessen. Die zweite Wortmeldung kommt von einem Mann im dunklen Anzug. Geht man von seinem Outfit aus, versteht er sich sicher blendend mit dem Kitaleiter. Der Herr fährt eine geschickte Strategie, indem er weit ausholt und zunächst die Kitaleitung und das qualifizierte Personal lobt. Alles sei so perfekt organisiert und laufe reibungslos. Auch die Informationspolitik sei erster Klasse. Dann aber senkt sich seine Stimme leicht. Er hätte da trotz aller positiven Eindrücke leider einen Kritikpunkt, der ihm sehr am Herzen läge. Ihm sei nämlich aufgefallen, dass es für die Jüngsten keinerlei Sportangebote gäbe.

»Die Dreijährigen haben ja die Möglichkeit, in die Fußballmannschaft zu gehen oder zum Schwimmen. Aber den Kindern unter drei wird nichts dergleichen angeboten. Da besteht eindeutig Handlungsbedarf.«

Um die Notwendigkeit zu unterstreichen, zitiert der Mann Studien über frühkindlichen Sport und die Auswirkungen auf die spätere Leistungsfähigkeit. Vor allem asiatische Sportarten wie Tai-Chi oder Yoga wirkten sich positiv auf die Konzentrationsfähigkeit aus und förderten die Gelenkigkeit.

Eines muss man dem Kitaleiter lassen, aus der Ruhe lässt er sich nicht bringen. Mit freundlichen Worten verspricht er, sich dem Thema anzunehmen, auch wenn ihm anzusehen ist, was er von den zitierten Studien hält. Nicht viel.

Die allgemeine Stimmung ist mittlerweile auf den Tiefpunkt gesunken, und keiner scheint mehr so recht Lust zu haben, so wichtige Themen wie Sport oder Ernährung bis ins kleinste Detail durchzukauen. Anscheinend haben sich dadurch die anderen Wortmeldungen, die es zu Anfang noch gab, von selbst erledigt. Jedenfalls will sich nun keiner mehr mit Fragen oder Anregungen äußern.

Alle Anwesenden atmen erleichtert auf, als der Abend zu Ende ist und wir nach Hause gehen dürfen. Entgegen meinen Vorsätzen habe ich kein Wort gesagt, sondern nur staunend zugehört. Ich bin mir nicht sicher, ob es solche Probleme auch in anderen Städten gibt oder ob sie einfach ein Phänomen unseres Öko-Bezirks sind. Jedenfalls bin ich beruhigt. Wenn das die einzigen Punkte waren, die es in unserer Kita dringend zu besprechen gibt, müssen wir uns wahrlich keine Sorgen machen.

12

WAS KOSTET DER SPASS EIGENTLICH? (ANNA)

Sobald Gustav drei Jahre alt ist, zahlen wir für seinen Kita-Platz nur noch 23 Euro pro Monat. Wie alle anderen Eltern auch. Egal, ob arm oder reich. Die letzten drei Kitajahre vor Schulbeginn sind in Berlin kostenlos. Nur eben diese 23 Euro für ein warmes Mittagessen müssen wir Eltern selbst zahlen. Für gesunde, abwechslungsreiche Mahlzeiten oder eine geschmacklose Pampe – je nach Einrichtung.

Dass sich ein armes Bundesland wie Berlin einen derartigen Luxus leistet, ist nicht selbstverständlich, denn andere Länder sind weitaus weniger spendabel. Die bundesweiten Unterschiede bei der Gebührenberechnung für Kindertageseinrichtungen sind enorm.

Die Kitagebühren der ersten drei Jahre ergeben sich fast überall in der Republik aus dem Bruttoeinkommen der Eltern. So zahlt man in Berlin für einen Ganztagsplatz bei einem niedrigem Jahreseinkommen von etwa 30 000 € knapp 80 € pro Monat, mit einem mittleren Jahreseinkommen von etwa 45 000 € ungefähr das Doppelte und bei einem hohen Familieneinkommen von etwa 80 000 € pro Jahr 405 €. Letzteres ist gleichzeitig der Höchstbetrag. Da freuen sich vor allem Familien, die bei einem noch höheren Einkommen einen vergleichsweise geringen Betrag zahlen müssen. 405 €

wiegen anders, wenn man statt 150 000 € nur 80 000 € im Jahr verdient. Gerechter wäre es, keinen Höchstbetrag festzulegen und dafür Familien mit geringem Einkommen gänzlich von den Gebühren zu befreien.

In Düsseldorf und Heilbronn ist die Betreuung von Kindern im Alter von drei bis zum Schuleintritt ebenfalls gratis, in Köln ist nur das letzte Jahr beitragsfrei. Allerdings bilden diese Städte wie Berlin eher die Ausnahme. Die meisten anderen Kommunen legen allen Betreuungsjahren das nach Einkommen gestaffelte Modell zugrunde. Daneben gibt es ein paar regionale Ausnahmen, die eine einkommensunabhängige Pauschale berechnen.

Dies sind nicht die einzigen Unterschiede zwischen den verschiedenen Regionen. Auch das Angebot der Betreuungszeiten klafft weit auseinander. Im Osten Deutschlands ist es nicht nur üblich, sein Kind bereits in frühem Alter in die Kita zu geben, auch die tägliche Betreuung ist deutlich länger als in vielen westdeutschen Regionen. So ist es nicht unüblich, dass manche Kinder den ganzen Tag über in der Kita bleiben. In vielen westdeutschen Städten wäre so etwas nicht möglich, da die angebotenen Betreuungszeiten nur von 9 Uhr vormittags bis 12 Uhr mittags reichen.

Welches Modell sich besser eignet, um Arbeit und Kinder unter einen Hut zu bekommen, muss nicht diskutiert werden. In Frage stellen kann man aber die immensen Unterschiede, die landesweit herrschen, denn weder die Dauer der Betreuung noch die Kosten sind gerecht verteilt. Beides wirkt sich aber unmittelbar auf die Möglichkeit zu arbeiten aus und bestimmt mindestens bei einem Elternteil, inwieweit und ob es überhaupt in den Job zurückkehren kann. Nicht wenige Frauen und Männer müssen ihren ausgeübten Beruf entweder stark einschränken oder ganz aufgeben. Gerechtigkeit sieht anders aus.

Nach der ersten Pisa-Studie ging ein Aufschrei durch die Nation. In so etwas Wichtigem wie Bildung wollte man im internationalen Vergleich nicht hinterherhinken. Dabei sind wir, zumindest was die Gerechtigkeit angeht, in Sachen Schulen bereits viel weiter. Die Schule kostet nichts, und es sieht nicht danach aus, als würde sich in Zukunft etwas daran ändern. Dass aber die Kita-Zeit, die mindestens eine ebenso prägende Lebensphase ist, ganz selbstverständlich einen Preis hat und noch dazu einen oftmals hohen, stößt wenigen auf. Außerdem kann es für die Chancengleichheit der Kinder wichtig sein, dass sie schon in frühen Jahren gefördert werden. Gerade Jungen und Mädchen aus einkommensschwachen Familien profitieren ja oft auch von den Angeboten wie Sprachförderung und Bewegungserziehung im Kindergarten.

Der Mangel an Kita-Plätzen und die Kostenstruktur der Kinderbetreuung sind sicherlich nicht allein verantwortlich für die schwachen Geburtenzahlen in Deutschland. Dennoch bin ich mir sicher, dass sie steigen würden, wenn zwei Faktoren entschieden verbessert würden: der Zugang zu Kita-Plätzen (zeitlich und preislich) und die Qualität der Einrichtungen.

13

VON EULEN UND LERCHEN (DANIEL)

Die innere Uhr ist ein ungemein nützliches Instrument, welches das morgendliche Aufstehen auf wunderbare Art und Weise regelt. Leider hat es die Evolution versäumt, alle Menschen gleich zu takten. So gibt es Leute, die morgens gut gelaunt und ohne Probleme aus dem Bett springen, während es anderen weniger gut gelingt.

Seit seiner Geburt macht sich mein Sohn einen Spaß daraus, morgens der Erste zu sein, der seine Augen aufschlägt. Sein Bedürfnis nach Tageslicht scheint immens, mit dem ersten Sonnenstrahl ist er wach. Was im Winter kein Problem ist, wird im Sommer so manches Mal zur Zerreißprobe. Bis vor kurzem war mir nicht bewusst, dass die Sonne im Sommer bereits ab 4:30 Uhr ihre Strahlen zu uns schickt.

Dabei bin ich eigentlich jemand, der zur Gattung der früh aufstehenden Lerchen gehört, worüber ich allerdings alles andere als erfreut bin. Es gibt wohl kaum etwas Uncooleres, als als Lerche durchs Leben zu gehen. Denn frühes Aufstehen beeinträchtigt bekannterweise das Nachtleben, und Menschen ohne interessantes Nachtleben gehören gesellschaftlich zu den Langweilern. Daher gestehe ich bloß meinen besten Freunden, dass ich morgens am besten funktioniere und abends nur durch alkoholische Mixgetränke zur Höchstform auflaufe. In der Zeit bis zum Mittagessen erledige ich 80 Prozent meines Tagessolls. Was mein Arbeitgeber allerdings nicht wissen darf. Die Frage nach meiner Nachmittagsbeschäftigung könnte ich nämlich nicht oder nur unzureichend beantworten. Je näher der Abend rückt, desto weicher wird mein Kopf, desto langsamer werden meine Bewegungen. Voller Neid und Unverständnis beobachte ich Profifußballer im Fernsehen, die es schaffen, auch noch zur besten Sendezeit sportliche Höchstleistungen zu vollbringen. Bei mir wäre das ausgeschlossen. Aus diesem Grund bin ich kein professioneller Sportler geworden. Deswegen und weil ich die 100-Meter-Distanz in atemberaubend langsamer Geschwindigkeit zurücklege.

Aufgrund dieser Ausgangssituation bin ich mit unserer Aufteilung des Kita-Hol-und-Bring-Dienstes mehr als zufrieden.

»Lass mich doch den Kleinen morgens zur Kita bringen«, lautet die Abmachung. Dass ich meiner Meinung nach damit mein Tagessoll in Organisationsdingen erfüllt habe, denke ich lieber nur. »Du musst ihn ja schon nachmittags immer abholen, und außerdem können Gustav und ich dann morgens noch kuschelig in den Federn liegen, während du dich schon in der Penne rumtreibst.«

»So machen wir's«, strahlt Anna, während ich mir innerlich auf die Schulter klopfe. Ich male mir aus, wie Gustav bereits müde gespielt ist, wenn ich abends von der Arbeit zurückkomme, müde, glücklich und einfach zu handhaben.

Ziemlich schnell stellt sich jedoch heraus, dass mein Plan nicht auf-, sondern ganz im Gegenteil vollkommen in die Hose geht. Was ich nicht bedacht habe, war zum einen ein Effekt, den ich den »Rockstar-Augenblick« nenne. Es gibt da nämlich diesen einen Moment, wenn ich abends von der

Arbeit nach Hause komme und vor der Wohnungstür stehe. Ich habe den Schlüssel in der Hand und höre im Inneren der Wohnung die lebendigen Geräusche, die es nur in einem Haushalt mit Kindern gibt. Ich weiß genau, sobald ich den Schlüssel ins Schloss stecke, springt ein kleines Wesen auf, lässt alles stehen und liegen und bricht in schiere Begeisterung aus. Nur allein deshalb, weil ich über die Türschwelle trete. Im Kopf sage ich mich wie einen Rockstar an, der gerade im Begriff ist, auf die Bühne zu gehen: »Und jetzt kommt er. Der, auf den ihr alle gewartet habt! Der Einzigartige, der Unglaubliche, die lebende Legende …«

Dann stecke ich den Schlüssel absichtlich laut ins Schloss und drehe ihn möglichst geräuschvoll um. Als ich die Tür öffne, rennt ein kleiner blonder Junge auf mich zu, jubelt mit hochgestreckten Armen und schreit meinen Namen. Dieser Moment ist mein ganz persönliches tägliches Highlight und lässt alle schlaflosen Nächte, alle Streitigkeiten um nicht genehmigte Süßigkeiten oder falsche Sockenfarben und alle gewechselten Windeln (wobei ich hier nicht ganz sicher bin) vergessen.

Dass dieser Effekt beim Abholen aus der Kita ebenfalls auftritt, habe ich nicht bedacht. Diesen Moment heimst jeden Tag Anna ein – und ich bin so neidisch wie ein erfolgloser Rockstar auf eine unverhofft emporgeschossene Newcomerin.

Was ich zudem nicht bedacht habe, ist die Komplexität des morgendlichen Bringens. Das abendliche Zubettgeh-Ritual ist ein Klacks dagegen. Höhepunkt der oft quälenden Kita-Performance ist eine tränenreiche Abschiedsszene vor den Augen anderer mitgenommener Eltern und unbeeindruckter Erzieher. Was abends ohne großen zeitlichen Druck geschieht, ist morgens ein Wettlauf gegen die Zeit. Gott sei

Dank ist das Ablieferfenster in unserer Kita relativ groß; allerdings ist es nicht unbedingt gerne gesehen, wenn ich wiederholt viel zu spät zur Arbeit komme.

Erst mache ich mich für den Tag bereit, dann das Kind. Da Anna meist sehr früh losmuss, bleibt diese Arbeit an mir hängen. Damit morgens alles wie am Schnürchen klappt, bereite ich am Abend vorher möglichst viel vor. So lege ich abends Gustavs Klamotten raus, platziere die Frühstücksschälchen und packe sämtliche Sonderausstattungen (Regenklamotten, Sonnencreme, Nachfüllwindeln) in diverse Beutel. Wenn morgens nicht jedes Rädchen ins andere greift, wird es schnell eng und die nervliche Katastrophe ist vorprogrammiert. Zum Beispiel, wenn der Schlüssel mal wieder verschwunden ist. Einfach weg. Wie immer passiert so etwas an Tagen, an denen jede einzelne Minute zählt.

»Mensch, Gustav, hast du etwa meinen Schlüssel?« Hektisch renne ich durch die Wohnung. Flur, Wohnzimmer, Küche.

»Oh Mist, da ist doch alles dran. Autoschlüssel, Fahrradschlüssel, der Schlüssel für das Kinderwagenschloss.« Jetzt suche ich sogar im Badezimmer. Ich gerate ins Schwitzen. Nicht nur wegen des Tempos, mit dem ich durch die Wohnung pflüge, sondern auch weil mir langsam bewusst wird, dass nicht viele Beförderungsmöglichkeiten für unseren mittlerweile 13 Kilo schweren Sohn übrig bleiben, wenn Auto und Fahrrad unbenutzbar, weil abgeschlossen sind.

Mein kompletter morgendlicher Zeitplan gerät langsam, aber sicher aus den Fugen. Mein BlackBerry klingelt. Am anderen Ende der Leitung eine Kollegin, die mich davon in Kenntnis setzt, dass unser Zwölf-Uhr-Meeting um zwei Stunden vorverlegt wurde. Auch das noch!

Zumindest Gustav hat Spaß.

»Papa, Kissenschlacht«, kräht er vergnügt, als ich das Sofa leerfege, um unter den Kissen nach dem Schlüssel zu suchen. Mein Sinn für Humor hält sich in Grenzen.

Leider fehlt mir jeder Ordnungssinn, so dass ich gerne mal meinen Schlüssel oder meine Geldbörse verlege. Oder meine Brille, was die schlimmste aller Möglichkeiten ist, ohne Brille die Brille zu suchen ist mit das Schwierigste, das ich kenne. Meine Laune erreicht in solchen Momenten rasch den Tiefpunkt. An diesem Morgen ist sie so tief wie schon lange nicht mehr.

»Bitte, Gustav. WO IST DER SCHLÜSSEL?« Ich fixiere unseren Sohn mit einem strengen Blick. Seine Achseln zucken auf und ab, während er seinen kleinen Kopf fröhlich grinsend von links nach rechts wiegt. Von einem nicht mal zweijährigen Kind kann ich kaum Hilfe erwarten, würde ich aber gern.

»Hilf mir mal bitte mit suchen«, ermuntere ich ihn. »Hast du vielleicht mit dem Schlüssel gespielt?«

Er nickt. Immerhin. Ein erster Hinweis.

»Und wo?«

Er nickt wieder.

In Gedanken gehe ich seine morgendlichen Laufwege durch. Wohnzimmer. Küche. Sein Kinderzimmer.

»Hast du in der Küche mit dem Schlüssel gespielt?«

Er sieht mich mit großen Augen an.

»Im Wohnzimmer?«

Er legt den Kopf schräg und schüttelt ihn.

»Oder vielleicht in deinem Zimmer?«

Er lächelt und sagt: »Ja.«

»Hurra, das ist doch mal was!«

Wie besessen durchsuche ich sein Zimmer, zwischen den Büchern und im Bett ist der Schlüssel schon mal nicht. Gustav steht in der Tür und beobachtet mich. Was jetzt wohl in seinem kleinen Kopf vor sich geht? In meinem verfestigt sich der Gedanke, dass ich meinen 10-Uhr-Termin verpassen werde.

Ich werde lauter.

»Mensch, Gustav, hast du gar keine Ahnung, wo der Schlüssel sein könnte?«

Da hebt sich sein Blick. Er lächelt.

Ich komme näher und schöpfe Hoffnung.

»Fällt es dir wieder ein?«

Er nickt.

»Und wo ist er? Sag schon!«

Er sagt mit einem stolzen Lächeln: »Weg!«

Manchmal ist die Wahrheit ein Schlag ins Gesicht.

Den Schlüssel finde ich erst am Abend wieder – gut versteckt in der Kaffeedose. Gustav habe ich auf meinen Schultern in die Kita getragen. Zu meinem Termin komme ich 20 Minuten zu spät und bin vollständig schweißgetränkt.

Momente wie diese sind bei uns an der Tagesordnung, was nicht bedeutet, dass ich mich daran gewöhnen kann. Erst kürzlich kam Gustav in die Küche und sagte den folgenschweren Satz: »Papa, habe die Uhr runtergefupselt.«

Sofort schrillten die Alarmglocken in meinen Ohren. Ich hatte mir wenige Tage zuvor eine professionelle GPS-Pulsuhr zugelegt, um dem Familienalltag in atemberaubender Lauf-Geschwindigkeit zu entfliehen und danach mit einem glückseligen Lächeln im Gesicht kontrollieren zu können, wie schnell ich über den Asphalt geflogen bin.

»Gustav, wo ist die Uhr?« Zuletzt lag sie auf dem Fensterbrett neben dem Sofa im Wohnzimmer.

»Ach, wo soll er die Uhr schon hingetan haben?«, lautete Annas wenig hilfreicher Kommentar. Sie blieb entspannt sitzen und aß weiter ihr Käsebrot, als wäre nichts passiert.

Mit bedrückter Miene folgte mir Gustav ins Wohnzimmer. Kein gutes Zeichen. Er deutete auf die Heizung unter dem Fensterbrett: »Runtergefupselt!«

»Wie, du hast die Uhr von der Fensterbank hinter die Heizung fallen lassen? Wie soll das denn gehen?« Die Heizung hängt direkt unter der Fensterbank, die deutlich darüber hinaus ragt. Zischen ihr und der Wand gibt es nur einen winzigen Spalt. Er zuckte die Achseln und nickte schuldbewusst. Wenigstens hatte er diesmal anscheinend ein schlechtes Gewissen.

Ich holte einen Zollstock und begann, hinter der Heizung herumzustochern. Anna, mit Käsebrot in der Hand, und Gustav standen hinter mir und amüsierten sich königlich. Meine Laune nahm keinen guten Weg, es ging steil bergab. Als ich, schon reichlich genervt, den Gewaltfaktor mit dem Zollstock schrittweise erhöhte, fragte Gustav interessiert:

»Papa? Was machst du?«

Ich schnellte herum und sagte etwas lauter:

»Ich versuche, meine 300-Euro-Uhr hinter der Heizung hervorzuholen, die mein kleiner Sohn irgendwie dahinterbekommen hat!«

Die Antwort schien ihn zufriedenzustellen. Er nickte und setzte wieder seine interessierte Beobachter-Miene auf. Die beherrscht er perfekt.

Als ich sah, dass Anna ihr Handy in verdächtiger Art vor sich hielt, riss mein Geduldsfaden. Sie filmte mich. Sie filmte mich bei meinen hilflosen Versuchen, meine viel zu teure Puls-Uhr hinter der Heizung hervorzuholen. Und das Schlimmste: Sie hatte ein belustigtes Grinsen im Gesicht.

Ich habe einmal von einer Studie gelesen (sicherlich wieder aus Skandinavien), dass Eltern und Nichteltern in der Summe ihrer Lebenszeit einen in etwa identischen Glücklichkeitsstatus erlangen.

Die Eltern sind, wenn die Kinder noch kleiner sind, deutlich unglücklicher. Sie schlafen weniger und qualitativ schlechter, sind deutlich gestresster, ihre Paarbeziehung leidet, sie können sich nur unter großen Anstrengungen beruflich verwirklichen, schlechter Fernreisen unternehmen und verfügen zudem noch über weniger Geld.

Dafür sind Eltern in späteren Jahren deutlich glücklicher. Nämlich genau ab dem Zeitpunkt, ab dem die Kinder ausgezogen sind. Woran das liegt, sagte die Studie nicht, sie maß nur den Grad des Glücks der Personen und nicht dessen Ursache. Für mich klang es irgendwie nach dem schönen Moment, den man erlebt, wenn der Schmerz nachlässt.

Ich ahne den wirklichen Grund: Es ist wie bei einer Bergtour. Während man den steilen Weg hinaufkraxelt, quält man sich ganz fürchterlich und fragt sich oft, wieso man sich das überhaupt antut. Hat man den Gipfel schließlich erreicht, die Qualen hinter und die grandiose Aussicht vor sich, weiß man es plötzlich wieder genau: Für diesen einen Moment lohnt es sich, all das auf sich zu nehmen.

Vielleicht werde ich eines Tages dankbar dafür sein, mir in stillen Stunden, auf dem Gipfel des Mount Everest sitzend, meine tiefsten Tiefpunkte per Handy-Video ansehen zu können. Dann werde ich stolz darauf sein, das alles gemeistert zu haben. Allerdings reicht mir die Zugspitze dafür völlig.

14

KONTAKTHOF KITA (ANNA)

Fast alle um mich herum sind bei Facebook. Viele posten in ihrem Profil Bilder von tollen Partys oder noch tolleren Stränden, schreiben auf, was sie gerade Interessantes machen (»*Joggen durch Berlin, –2 °C*«), wie weit der Hausbau fortgeschritten ist (»*Heute Lieferung der Fußmatte*«) oder was der Job so macht (»*Heute Dubai, morgen London*«). Beim Anblick solcher Profile muss ich an diese Werbung denken, in der sich zwei Männer in einem Lokal gegenübersitzen und der eine mit seinem Hab und Gut protzt, indem er nacheinander drei Fotos auf den Tisch legt: »*Mein Haus, mein Auto, mein Boot.*« Andere Menschen nutzen Facebook als Kontaktforum. Sie spinnen ihr Netzwerk immer weiter um sich herum, laden fast vergessene und aktuelle Freunde ein, alte Schulkameraden oder Arbeitskollegen.

Wir alle brauchen soziale Kontakte. Sie fangen uns auf, erden uns, beglücken uns. Wir brauchen sie wie Luft zum Atmen. Freunde und Familie. Denn ohne ein soziales Umfeld ist man nichts. Erst wenn man in einer neuen Stadt Freunde gefunden hat, ist man richtig angekommen. Fühlt sich zu Hause.

Facebook ist ein Kontakthof. Die Kita ein anderer. Auf kleinstem Raum tummeln sich hier Menschen, die vieles gemeinsam haben. Sie sind etwa im gleichen Alter, haben mindestens ein Kind und kämpfen darum, Partnerschaft, den Nachwuchs, Freunde und Beruf unter einen Hut zu bringen. Genauso wie ich es selbst jeden Tag aufs Neue versuche. Gemeinsamkeiten verbinden, und so habe ich in der Kita Freundinnen gefunden. Unsere Söhne spielen gerne auf demselben Spielplatz, mittlerweile auch miteinander und nicht nur nebeneinander her. Doch Freundschaften bedeuten auch Auseinandersetzung. Und wenn man erst anderthalb ist und einem noch die passenden Worte fehlen, wird schon mal die Schippe eingesetzt und dem eben noch besten Kumpel über die Rübe gezogen.

Es ist mir unangenehm, wenn Gustav auf dem Spielplatz den Rabauken mimt. Ich schäme mich nicht für ihn, bin aber unsicher, wie ich mit der Mutter des anderen Kindes umgehen soll, die verständlicherweise nicht besonders amüsiert darüber ist, dass ihr Kind als Zielscheibe für die Hilflosigkeit oder Wut meines kleinen Sohnemanns herhalten muss.

Einige Eltern sind da total cool. Sie wissen, dass Kinder so sind. Einfach auch mal hauen, sich streiten, ohne dass es einen Schuldigen gibt oder wir Eltern eine Lösung finden können, gleichwohl wir klarstellen müssen, dass solch ein Verhalten nicht in Ordnung ist.

Und es gibt die anderen Eltern, die anstelle eines Kindes ein rohes Ei auf den Spielplatz begleiten. Die jede liebevoll gemeinte, wenn manchmal auch stürmische Kontaktaufnahme argwöhnisch beäugen, ihr Kind vor Sandkörnern, rumtollenden Kameraden und bösen Spielgeräten beschützen und genauso gut auf einen Spielplatz passen wie Fische in die Wüste.

Der Prenzlauer Berg ist ein Eltern-Kind-Paradies, wenn auch nur für kurze Zeit, solange das Kind klein ist. Es gibt viele tolle Spielplätze, Eltern-Kind-Cafés, Spielzeugläden und kleine Buchläden mit einer großen Ecke für Kinderbücher, Kurse von Babymassage bis PEKIP werden angeboten, überall bekommt man Kinderessen und den mittlerweile in der ganzen Republik bekannten Kindercappuccino, schnöder warmer Milchschaum, der das Pendant zu dem Latte macchiato ihrer Mütter darstellt. Für Kinder über zwei Jahren sieht das Angebot dann schon wieder schlecht aus. Nach zwei Jahren kann ich auch keinen der hiesigen Spielplätze mehr sehen. Spielplätze können so unglaublich öde sein. Ich kenne gefühlt jedes Sandkorn und denke oft, während ich auf die Schaukeln starre, was ich alles Tolles machen würde, wenn ich nicht auf diesem Spielplatz sitzen müsste. Aushalten kann ich das an manchen Tagen nur, weil Gustav meist seine Freunde und ich meine Freundinnen dabeihabe. Wir unterhalten uns, unsere Kinder spielen. Win-win-Situation.

Nahezu nie sieht man in Berlin Kinder ohne Begleitung herumlaufen. Immer ist Mami, Papi, Oma und/oder Opa mit dabei. Ohne geht's in der Großstadt einfach nicht. Und so setzt sich jeden Tag der ganze Kiez in Bewegung und rollt morgens im Tross Richtung Kita und nachmittags wieder zurück. Aber nicht nach Hause, sondern zu Kursen, zur Eisdiele oder auf den Spielplatz. Wochentags ab 16 Uhr bilden sich richtiggehende Schlangen an Rutsche und Schaukel. Vor allem bei gutem Wetter wird es eng.

Deshalb sehnen wir uns manchmal nach einem Garten. In unseren kühnsten Träumen spielen die Kinder im eigenen Grün, wir sitzen bei einem späten Frühstück drinnen oder auf der Terrasse, lesen, quatschen und lassen den Tag ganz langsam beginnen. Bis jetzt genießen wir solch paradiesischen Zustand immer nur bei unseren Eltern, wohlwissend, dass ein

Leben fernab der Metropole auch seine Schattenseiten mit sich bringt. Schließlich sind sowohl Daniel als auch ich in ländlicher Umgebung aufgewachsen und wissen um die Attraktivität des Kleinstadt- und Landlebens – gerade für Teenager.

Auf der anderen Seite wohnen mittlerweile einige Freunde von uns im Grünen, und es geht ihnen dort sehr gut. Nur an manchen Tagen, da vermissen sie das Café direkt um die Ecke, Läden für jeden Kinderbedarf, Öffnungszeiten rund um die Uhr und die vielen Spielplätze mit anderen Kindern auf Klettergerüst und Schaukel.

Schon oft haben wir uns gefragt, wieso es außerhalb von Berlin so viele schöne Spielplätze gibt, die scheinbar von niemandem benutzt werden. Sei es in NRW, in Brandenburg oder auch im ländlichen Bayern.

Wenn wir unsere Eltern besuchen, freut sich Gustav vor allem auf die tollen Spielplätze um die Ecke. Er ist jedes Mal begeistert von den vielen neuen Spielgeräten und testet sie alle nacheinander aus. Nahezu immer alleine. Klar ist es toll, dass er am Klettergerüst nicht Schlange stehen muss wie an einem Sonnentag in Berlin. Aber Kinder brauchen andere Kinder und blühen häufig erst im Rudel richtig auf. Deshalb ist Gustav auch immer enttäuscht über die Leere auf den Spielplätzen im Wohnumfeld seiner Großeltern. Keine Kinder weit und breit. Also müssen Oma oder Opa als Spielgefährten herhalten und mit ihm auf den Spielgeräten herumturnen. Was ihnen keineswegs schwerfällt. Mein Bruder sagt immer, mit den Enkeln fielen die eigenen Eltern in die Infantilität zurück. Ich kann das bestätigen und bin immer wieder überrascht, neue Seiten an meinen Eltern und Schwiegereltern kennenzulernen.

Gustav mag Pferde. Und er möchte gerne reiten. Aber nicht auf echten Pferden, sondern auf Oma und Opa, die Gustav bereitwillig aufsitzen lassen, ihn auf allen vieren durchs Wohnzimmer tragen und die schmerzenden Knie so lange ignorieren, bis ihnen schwarz vor Augen wird. Gustav ist ein unerbittlicher Reiter und treibt seinen Gaul zu Höchstleistungen an. Verschleißerscheinungen sind ihm fremd. Und Fremdes ignoriert er.

Unsere Freunde in Kleinstädten und Dörfern erzählen alle mehr oder weniger das Gleiche: Sobald Familien eigene Gärten haben, bleiben sie zu Hause und die Spielplätze leer. Jede Familie hat ihren einen Sandkasten, eine Schaukel, eine Schubkarre, ein Dreirad, Schaufeln, Bagger, Laster und manchmal sogar eines dieser überdimensionierten Trampoline im Garten. Das macht manchmal ganz schön einsam.

Glücklich sind dann diejenigen Kleinstädter mit Freunden und Nachbarn, die gerne zum Spielen vorbeikommen. So können die Kinder überall neue Spielgeräte entdecken und man selbst kann stolz seine eigenen Spielsachen vorzeigen. Die Kinder haben Spielkameraden und die Mütter reihum nachmittags mal kinderfrei oder einen geselligen Nachmittag mit Kuchen und Klönen. Dafür toben an anderen Tagen dann neben den eigenen Kindern noch fünf Besuchskinder durch den eigenen Garten, die Durst und Hunger haben, die frisch geputzte Toilette benutzen wollen, sich mit der Schaufel bekriegen. Wahrscheinlich fühlt man sich dabei wie eine Kreuzung aus Krankenschwester und Dompteur, aber dass man einsam wäre, kann man dann wenigstens nicht mehr behaupten.

In Berlin kenne ich niemanden, der ein solches Eremitendasein fristet. Unsere Freunde und Bekannte wohnen in so beengten Wohnverhältnissen wie wir selbst, die durch den Nachwuchs schnell noch enger werden. Niemand hat einen Garten, der zum Spielen einlädt, und so bleiben viele Eltern wie ich mit ihren Kindern nach der Kita einfach draußen. Die Kinder können sich austoben, Freunde treffen und wir Mütter können uns ebenfalls austauschen.

Von fast allen Müttern aus Gustavs Gruppe habe ich die Telefonnummer. Keine Festnetznummer, sondern Handynummern. Wir verabreden uns entweder auf Zuruf, wenn wir zufällig unsere Kinder zur gleichen Uhrzeit von der Kita abholen, oder rufen kurz durch, um nachzufragen, wer sich wann auf welchem Spielplatz befindet. Ich entscheide dann kurzfristig, wie Gustavs und mein Nachmittag aussehen soll – je nach seiner und meiner Laune, dem Wetter, der Entfernung zum Spielplatz, der Abholzeit. Ich mag das.

Was ich weniger mag, ist die Tatsache, dass ich auf dem besten Wege bin, eine »Helicopter-Mum« zu werden. Wie ein Polizeihubschrauber kreise ich über Gustav und überwache ihn und sein Tun. Jetzt ist er klein, da ist das selbstverständlich, und ich finde unsere Nähe sehr schön. Aber irgendwann möchte ich auch wieder autarker werden. Und auch er soll das sein. Er soll schon in der Grundschule seine Freunde alleine besuchen gehen und den Schulweg meistern, ohne dass ich ständig neben ihm laufe. Ich möchte, dass er unbeobachtet spielen und seine Umgebung entdecken, Kind sein kann.

Wir haben früher mit den Nachbarskindern Verstecken, Fangen und Völkerball gespielt, Buden gebaut, sind durch

Gebüsche gestromert. Immer waren unsere Eltern in der Nähe, ansprechbar wenn nötig, aber selten dabei. Wir brachten Käfer in Marmeladengläsern mit nach Hause, aufgeschrammte Knie und glückliche Erzählungen. Unsere Mütter mussten nicht am Cafétisch danebensitzen und uns überwachen, wodurch auch das Spielchen mit den Fotos auf dem iPhone entfällt: mein Kind – mein Kinderwagen – mein MacBook. Wie wohl der Facebook-Account dieser Latte-macchiato-Mütter aussieht?

15

FALSCHE MAUL- UND KLAUENSEUCHE (DANIEL)

Da Kinder im Alter von Gustav zu Hause noch nicht berichten können, was sie tagsüber erleben, wird in unserer Kita regelmäßig eine ausführliche Foto-Dokumentation angefertigt. Sie hängt in der Garderobe am Schwarzen Brett, überschrieben mit dem aufregenden Titel: »Bilder Gruppe 3«.

In ihrer Machart erinnern die Plakate stark an die Foto-Love-Stories aus meiner *Bravo*-Pubertät. Oft stecken sie voller charmanter Alltagskomik und unfreiwilligem Witz. So sieht man schon mal die pummelige Charlene (der Berliner sagt: »Scharlene«) mit einem Schokokeks in der Hand und einem Text, der ihr per Sprechblase in den Mund gelegt wird: »Mmmh, lecker. Ich könnte die ganze Schüssel aufessen!«

Jedes Mal bin ich wieder begeistert von diesem Kommunikations-Tool, das uns Eltern Einblick in den Alltag des Kita-Lebens gewährt. Mehrmals habe ich darauf hingewiesen, dass ich es toll fände, mehr von diesen Fotos zu sehen und vor allem mehr von den treffsicheren Texten.

Diese Fotocomics sind aber nicht das einzige Medium, das uns am Schwarzen Brett informiert. Auf unzähligen Aushängen erfahren wir, wer neue Windeln mitbringen muss, wer wieder vergessen hat, das Essensgeld zu bezahlen, wer NICHT zum Elternabend erschienen ist. Der größte Zettel aber ist für die wichtigste Information reserviert: Welche Krankheiten sind wann aufgetreten. Das ist ein nützlicher Service, denn so lassen sich erste Symptome beim eigenen Kind schnell einordnen.

Für einen Neuling in der Kita-Welt wirkt der Krankenbericht zunächst befremdlich, denn wann hat man schon das letzte Mal von so etwas wie Scharlach, Masern, Mumps und Röteln gehört?

Damit kein Kind an den Pranger gestellt wird und niemand mit seinem Leid alleine ist, verwendet das Krankenblatt Verallgemeinerungen und bemüht sich um ein Gemeinschaftsgefühl, wenn es informiert: »Wir haben Durchfall!«

Vor allem tauchen immer wieder Krankheiten auf, von denen man nie zuvor gehört hat – jedenfalls beim Menschen nicht. Die Maul- und Klauenseuche beispielsweise hatte ich bisher immer nur bei Kühen und Schweinen vermutet. Dass mein kleines süßes Kind von einer solch ekligen Krankheit befallen sein könnte, hielt ich für einen geschmacklosen Scherz. War es aber nicht.

Der Anruf der Kita kommt bei der Arbeit während eines unangenehmen Meetings. Ich bin beinahe froh über die Ausrede, sofort aufbrechen zu müssen. Meine freudige Gelöstheit löst sich jedoch umgehend auf, als ich Gustav erblicke. Wie ein Häufchen Elend liegt er auf einer kahlen Matratze im Gruppenraum. Er dämmert vor sich hin und schafft es nicht einmal, zu mir aufzublicken. Ich wickle ihn in eine Decke und trage ihn zum Auto. Seine Hände und Füße sind von Pusteln übersät. Wäre er nicht zu erschöpft, um sich zu kratzen, hätte er sicherlich bereits blutige Haut. Auch seine Zunge ist voll mit den Pusteln, was ihn sichtlich quält.

Unsere Kinderärztin scheint das weniger zu beunruhigen. Sie diagnostiziert eine »falsche Maul- und Klauenseuche«. Ich frage zur Sicherheit nach, ob sie sich sicher sei, dass mein Sohn eine Krankheit habe, die normalerweise Wiederkäuer befalle. Sie belächelt meinen Gesichtsausdruck.

»Sie werden in Ihrer Karriere als Kita-Vater noch auf so manche Kinderkrankheit stoßen. Das ist erst der Anfang.«

Wir wollen uns gerade auf den Weg machen, da hat Frau Doktor dann doch noch einen guten Rat für uns.

»Kaufen Sie Ihrem Sohn eine ordentliche Portion Eis. Das lindert den Juckreiz und Ihre Sorgen.«

Also lümmeln Gustav und ich kurz darauf zusammen auf der Couch und löffeln eine riesige Portion Anti-Juckreiz-Eiscreme. Dazu sehen wir fern, ein Fußballspiel der Dritten Liga. Kein gutes Spiel, Gustav ist aber trotzdem begeistert. Fernsehen gehört zu den Sachen, die nicht mal ausnahmsweise erlaubt sind. Heute aber gibt es keine Regeln. Ich bin froh, dass Anna uns jetzt nicht sehen kann, wo doch

1. kein Fernsehen für Gustav,
2. kein Eis unter 30 Grad,
3. kein Essen auf der Couch

zu ihren festen Erziehungsgrundsätzen gehören. Bis jetzt habe ich mich mehr oder weniger streng daran gehalten. Doch heute breche ich gleich drei eiserne Regeln auf einmal.

»Dies ist eine absolute Ausnahmesituation, die alle Gesetze außer Kraft setzt. Wenn du ihn nur sehen könntest, das Häufchen Elend.« So oder so ähnlich werde ich es ihr nachher am Telefon erklären. Oder ich erkläre gar nichts und erzähle es einfach nicht. Und mit seinem begrenzten Wortschatz kann

Gustav mir noch nicht einmal einen Strich durch die Rechnung machen.

Er fühlt sich immer besser, und so hebt sich auch meine Laune. War ich zunächst über den Namen der Krankheit und ihre nicht zu übersehenden Symptome erschrocken, hat das Eis seine Wirkung getan, und meine Sorgen schmelzen dahin. Zudem weiß ich, dass »es sich um eine nicht gefährliche, sondern nur unangenehme Kinderkrankheit handelt«. Die Kinderärztin weiß, wie sie mit Vätern wie mir umgehen muss. Gelernt ist gelernt.

Vorsorglich habe ich im Supermarkt gleich noch Cola und diverse Süßigkeiten eingepackt. Diese Medikation ist zwar nicht mit der Ärztin abgesprochen, und die Cola ist ehrlich gesagt auch nur für mich, aber eine schöne Ausrede muss man ja nicht in Grund und Boden diskutieren.

Eine skandinavische Studie (wie viele geben die da eigentlich pro Jahr in Auftrag?) hat ergeben, dass Eltern mit Kindern angeblich deutlich weniger krank sind als kinderlose Erwachsene im gleichen Alter. Wie ich aus eigener Erfahrung weiß, ist das eine himmelschreiende Lüge.

In Gustavs erstem Kita-Winter schaffte er es, in drei aufeinanderfolgenden Wochen drei der ekligsten Krankheiten mit nach Hause zu bringen. Und jede einzelne davon befiel mich mit einer 24-stündigen Verzögerung. Die erste Krankheit schnappte sich meinen Magen und Darm, die zweite meine Nase und den Hals und die dritte abermals meinen Magen und Darm, diesmal aber noch heftiger als beim ersten Mal.

Wenn ich das nächste Mal einen skandinavischen Wissenschaftler treffe, werde ich ihm ordentlich die Meinung geigen! Vielleicht sind norwegische Eltern durch ihre täglichen

Saunagänge sowieso immun gegen fiese Kita-Viren? Ich bin es jedenfalls nicht.

Mittlerweile haben wir auch den dritten Eisbecher geöffnet. Nach Vanille und Erdbeer nun also Schokolade. Das Beste zum Schluss.

»Gustav, ich stelle mal eben die Waschmaschine an und bin in zwei Minuten wieder bei dir.«

Nicht, dass mir das Wäschewaschen wirklich wichtig ist, aber die Erledigung dieser Haushaltspflicht dient als taktisches Manöver, da ich weiß, dass Anna nicht begeistert sein wird, wenn sie von unserer Eis-Orgie erfährt. Daher kann es nicht schaden, die Liebste mit sauberer Wäsche milde zu stimmen. Der Mann kümmert sich rührselig ums erkrankte Kind und schafft es nebenbei auch noch, die Wohnung auf Vordermann zu bringen. Dafür erhalte ich mit Sicherheit einen Freibrief für Regelbrechungen jeglicher Art.

Als ich wieder ins Wohnzimmer komme, schwebt statt des Freispruchs das Damoklesschwert über mir. Gustav ist in künstlerisches Schaffen vertieft. Mit seinem Eislöffel verziert er die Seitenlehne unserer Couch, es sieht aus, als wolle er einen Bauernhof in den Fürst-Pückler-Farben zeichnen. Unsere Couch ist hellgrau und nun zu einem großen Teil mit seiner Zeichnung bedeckt. In der Kürze der Zeit kriegt das auch der beste Fleckenteufel nicht wieder hin. Wir werden auffliegen. Gnadenlos.

Wir versuchen es trotzdem. Auch Gustav gibt sich redlich Mühe beim Schrubben mit dem Schwamm, aber es nützt alles nichts. Der Bezug muss in die Waschmaschine. Da die momentan jedoch belegt ist, müssen wir warten, bis sie fertig ist.

Bevor wir also vorgeben können, dass wir richtig groß

reinemachen und sogar nach langer Zeit endlich mal wieder den Couch-Bezug waschen, kommt Anna nach Hause. Und um jeder Geheimhaltung zuvorzukommen, sagt Gustav seinen ersten (fast) vollständigen Satz: »Ich und Papa Sofa Eis Fernseh.« Um seine Aussage zu bekräftigen, nimmt er nochmals einen großen Löffel Eis in den Mund und lutscht mit genüsslich geschlossenen Augen.

Die Hand-Fuß-Mundkrankheit, auch falsche Maul- und Klauenseuche genannt, ist übrigens nicht nur eine Kinderkrankheit. Auch Erwachsene können davon befallen werden – ich bin einer davon. Das einzig Gute an diesem Zustand ist das einzig adäquate Gegenmittel. Aber ganz ehrlich, nach einem Liter Eis wird auch dem größten Pferdemagen schlecht.

16

BETREUUNGSLÖCHER – KITA-SCHLIESSZEIT IST GROSSELTERNZEIT (ANNA)

Ich mag keine Montagmorgen. Die Wochenenden verfliegen grundsätzlich viel zu schnell, zu kurz sind sie sowieso, und die bevorstehende Woche erscheint so unglaublich vollgestopft, dass ich mich immer fühle wie am Fuße des Kilimandscharo vor dem elendig langen und anstrengenden Anstieg. Ich selbst war zwar noch nicht dort, aber meine Freundin Martina hat den Aufstieg gewagt und musste sich unterwegs vor Anstrengung übergeben. Sie hat ihre Qual so einprägsam beschrieben, dass ich meinte, sie am eigenen Körper zu spüren.

Heute Morgen ist alles anders. Der inneren Uhr folgend, bin ich um halb sieben aufgewacht und liege nun lesend im Bett. Daniel schläft noch. Ich höre sein gleichmäßiges Atmen. Keine Hektik, kein Zeitdruck, kein Frühstücken im Laufen. Heute können wir alles langsamer angehen, machen, worauf wir – oder Gustav – Lust haben und lassen uns treiben, denn ab heute ist die Kita geschlossen. Gustav hat Urlaub. Für ganze drei Wochen. Wir auch, wenn auch Daniel nur für zwei Wochen. Und das Schönste: Es ist noch ganz ruhig in der Wohnung.

Ich husche in die Küche, stelle die verbeulte Alu-Espressokanne aus meiner Studentenbutze auf den Herd, gieße Milch in einen Topf und erwärme sie. Ich genieße die Ruhe vor dem Sturm, denn wenn Gustav erst mal die morgendliche Muffeligkeit abgelegt hat, ist er ein Orkan. Die schlechte Laune am Morgen ist neu, er scheint sie sich an seinem zweiten Geburtstag zugelegt zu haben. Trotzdem ist er in der Lage, innerhalb einer Sekunde von tief schlafend zu hellwach umzuschalten. Bis vor kurzem war er dabei sofort ein Ausbund an Fröhlichkeit, jetzt dauert es länger, bis das erste Lächeln des Tages über sein Gesichtchen huscht.

Die Samthandschuhe liegen bereit. Ich gieße Kaffee und Milch zusammen in eine Tasse und verkrieche mich wieder im kuschelig warmen Bett. Daniel dreht sich noch einmal um. Seinem wohligen Grunzen nach zu urteilen, hat er bereits auf Entspannung umgestellt. Mit der ist es allerdings gleich vorbei, denn ich höre Gustav in seinem Zimmer rumoren. Dann reißt er schwungvoll die Tür auf, und seine kleinen schnellen Trippelschritte nähern sich unserem Schlafzimmer. Die nackten Füße verursachen einen Trommelwirbel auf unserem Holzfußboden. Die Türklinke an unserer Altbautür sitzt so hoch, dass Gustav gerade so heranreicht und sich mit der Kraft seines ganzen Körpers daran hängen muss, um die Tür zu öffnen. Ist das geschafft, lässt er die Klinke urplötzlich los, so dass sie nach oben kracht. Gustav stürmt ins Zimmer und springt auf unser Bett.

»Guten Morgen, Kleinster. Hast du gut geschlafen?«, frage ich ihn. Entgegen meiner Erwartung strahlt er übers ganze Gesicht, womit er mir zu verstehen gibt, dass der Tag nun beginnen kann.

»Hmm, guten Morgen.« Daniel ist nun auch wach, und Gustav klettert zur Begrüßung auf ihm herum.

»Papa Pferd.«

So plötzlich wie Gustav aufwacht, meldet sich auch sein Hunger. Mit »Mama, ich möchte bitte Müsli« beendet er den Frühsport und läuft in die Küche. Das »Bitte« hat er ganz klar aus der Kita.

Nach dem Frühstück gehen wir auf den Spielplatz, der gut besucht ist. Überall spielen und wuseln Kinder jeden Alters. Ich bin sichtbar jünger als die meisten der anderen Betreuungspersonen. Außer mir sind vielleicht noch drei andere Eltern anwesend, die übrigen Kinder werden von ihren Großeltern begleitet. An der Dichte der Großeltern auf den Spielplätzen erkennt man, dass in vielen Kitas die große Sommerschließzeit begonnen hat. Nicht alle Eltern können drei Wochen Urlaub nehmen und sind froh, wenn ihre eigenen Eltern auf die geliebten Enkel aufpassen. Und viele der Kindergartenkinder haben größere Geschwister, die sogar sechs Wochen lang zu Hause bleiben dürfen beziehungsweise müssen. Das entspricht dem Jahresurlaub ihrer Eltern, die jedes Jahr wieder einen Organisationskampf kämpfen, um ihre Kinder für mindestens drei Wochen im Hort, bei Freunden oder der Großfamilie unterzubringen. Diejenigen ohne Hilfe innerhalb der Familie sind gezwungen, auf andere Optionen zurückzugreifen. Und so ist der Markt voll mit allerlei Ferienangeboten wie Kinderzirkus, Theater oder besondere Naturerfahrungen, von denen sich die meisten allerdings eher an größere Kinder richten. Und bezahlt werden wollen die Freizeitaktivitäten natürlich auch erst mal. So tummeln sich Alt und Jung auf den Spielplätzen im Prenzlauer Berg, während die Generation dazwischen ihrem Beruf nachgeht.

Es gibt Kitas mit und ohne Schließzeiten. Beides hat seine Vor- und Nachteile. Unsere Kita schließt zwischen Weihnachten und Neujahr sowie drei Wochen im Sommer. Damit Eltern und Erzieher ihren Urlaub frühzeitig planen können, macht unsere Kita immer in den ersten drei Wochen der Schulferien zu. Dazu kommt eine Woche im Frühjahr wegen Fortbildung. Macht fünf Wochen Schließzeit im Jahr, in denen wir eine Alternativbetreuung für Gustav organisieren müssen. Diesbezüglich zahlt es sich aus, dass ich als Lehrerin arbeite und vier der fünf Wochen selbst abdecken kann. Da ich mich in den Sommerferien aber auch auf das kommende Schuljahr vorbereiten muss, Unterrichtsreihen und Klausuren konzipiere, um im Schuljahr die Wochenarbeitszeit im Rahmen zu halten, fahren wir innerhalb der drei Wochen Sommerschließzeit in den Urlaub. Ebenso verfahren wir in den Weihnachtsferien, nur dass wir die Woche zwischen den Jahren gemeinsam bei den Großeltern verbringen. Mal im Westen bei den einen, mal im Süden bei den anderen. Nur die Woche im Frühjahr organisieren wir anderweitig, da wir beide arbeiten müssen. Hier ist es ein Nachteil, dass ich an die Schulferien gebunden bin und mir nicht einfach eine Woche zwischendrin freinehmen kann. Da Daniel nur 25 Urlaubstage im Jahr hat, nimmt auch er keinen Urlaub, denn übers Jahr verteilt gibt es immer mal wieder Situationen, in denen er spontan einen oder zwei Tage freinehmen will oder muss, so dass es ratsam ist, ein paar Tage in Reserve zu behalten.

Im Herbst fahren wir gern ein paar Tage zu Freunden. Das hat sich als sehr erholsam erwiesen, und ohne diese Pause wird der Abstand zwischen Sommerurlaub und Weihnachten unerträglich lang. Sechs Monate Alltag ist zu viel für unser Wohlbefinden. Es tut so gut, alle drei Monate mal auszubrechen und für ein verlängertes Wochenende alles hinter sich zu lassen. Andere Menschen, Orte, Landschaften sehen. In einer anderen Umgebung, einem anderen Haus schlafen, essen, lesen. Mehr Zeit miteinander verbringen. Wir merken, dass wir in unbekannter Umgebung andere Dinge unternehmen, uns noch intensiver mit Gustav beschäftigen, viel mehr zur Ruhe kommen und uns besser entspannen. Zu Hause warten Haushalt, Papierkram und Arbeit, die wie eine Fußfessel ständig an uns hängen und wahre Erholung verhindern. Aber wenn uns der Ostseewind um die Ohren pustet, fühlen sich vier Tage Auszeit an wie zwei Wochen und laden unsere Akkus wieder auf.

Eine Bekannte von mir gönnt sich zwei Mal im Jahr ein Wochenende allein. Ganz allein. Ohne ihren Mann und ihre beiden Söhne, die seit sechs und vier Jahren ihren Alltag durcheinanderwirbeln.

»Sonst werde ich verrückt«, sagt sie. Sie fährt in ein Hotel im Berliner Umland und lässt die Seele baumeln. »Im Grunde genommen mache ich gar nichts. Ich stehe spät auf, esse in Ruhe, schlafe wieder, lese, esse und schlafe.« Sie genießt es, sich morgens nach dem Aufwachen noch einmal im Bett umzudrehen und wieder einzuschlafen, in Ruhe zu duschen, während ausgiebiger Zeitungslektüre zu frühstücken und nicht nur die bunte Seite mit den Nachrichten aus aller Welt zu überfliegen. Danach geht sie eine Runde spazieren, ohne sich immer nach ihren Kindern umdrehen zu müssen. Weil der eine gerade in Hundekacke getreten ist und schreit und der andere beim Versuch, auf einem Bein zu hüpfen, in eine große Pfütze gefallen ist. Sie kann stundenlang aus dem

Fenster schauen, Löcher in die Luft starren und an gar nichts denken. Sie sagt, dass sie ohne diese Auszeiten den anstrengenden Alltag mit Job, Haushalt und zwei kleinen Kindern nicht schaffen würde.

Diese unendlich schwere Müdigkeit, die mich seit Monaten befällt und schuld daran ist, dass ich jeden Nachmittag im Stehen einschlafen möchte, kannte ich vor dem Dasein als Mutter nicht. Klar, manchmal war ich müde, wenn ich nach einer langen Party übernächtigt in einer Vorlesung saß. Aber erst heute weiß ich, was wirkliche Müdigkeit bedeutet. Meine Lider sind bleischwer, der Kreislauf liegt am Boden, und ich kann kaum noch einen klaren Gedanken fassen, geschweige denn eine Unterhaltung führen. Und damit meine ich keine Diskussion über fehlende Kita-Plätze. Ich kann über gar nichts ein Gespräch führen, nicht mal übers Wetter. Die Müdigkeit sitzt so tief, dass sie sich auch nach einigen Wochen erholsamerer Nächte nicht abschütteln lässt. Immerhin schläft Gustav mit seinen zwei Jahren zwei von drei Nächten durch. Und da ich nicht mehr stille, können Daniel und ich uns die Nachtschicht sogar teilen. Ein großer Fortschritt für uns alle drei.

Darauf habe ich die ganzen zwei Jahre lang gewartet. Endlich mal wieder eine Nacht durchschlafen. Aber jetzt, wo ich es könnte, mache ich es nicht. Seit Gustavs Geburt orientiert sich ein Großteil meines Lebens an ihm. Auch nachts. Vielleicht gerade nachts. Ich höre jeden Mucks von ihm. Sogar durch Zimmerwände hindurch. Wir haben das Kinderzimmer strategisch günstig ans andere Ende der Wohnung gelegt. Aber ich höre ihn immer noch. Sein Husten, seine nächtlichen Geräusche, manchmal meine ich, sogar seinen Atem zu vernehmen. All das trägt dazu bei, dass ich keinen erholsamen Schlaf finde. Darüber ärgere ich mich so sehr, dass ich noch schlechter schlafe. Nicht mal Schäfchen zählen hilft. Mir graut schon jetzt davor, dass mit einem zweiten Kind wieder alles von vorne losgehen wird.

Als Gustav noch in seinem kleinen Bettchen neben uns schlief, war an Schlaf kaum zu denken. Mehrmals pro Nacht vergewisserte ich mich, dass er noch atmete, dass es ihm gutging. Sobald er sich nur umdrehte, war ich wach. Und auch wenn mich jedes Zeichen seiner Anwesenheit mit einer Wärme erfüllte, die mein Herz schneller schlagen ließ, war es nichts anderes als Stress, da ich, einmal wach und von meinem Baby hingerissen, stundenlang nicht wieder einschlafen konnte. Kein Wunder, dass ich permanent müde war. Seit Gustav in sein Kinderzimmer umgezogen ist, wurde es besser. Aber eben nicht gut.

Deshalb ist Erholung für mich nur durch räumliche Trennung von Gustav möglich. Wie bei meiner Bekannten. Nur dass ich freie Wochenenden nicht alleine verbringe. Statt mich in die Abgeschiedenheit eines Einzelzimmers im Hotel zu begeben, verbrachten zwei Freundinnen und ich ein gemeinsames Wochenende in Westdeutschland. In zwei Jahren waren das die ersten und bis jetzt einzigen Tage ohne Gustav.

Solche Freiräume muss ich mir bewusst nehmen. Meist verbringe ich die Wochenenden liebend gerne mit meinen beiden Männern. Nach einer Woche in der Schule genieße ich die beiden Tage zu dritt. Auch sie geben mir wahnsinnig viel Kraft. Sie ermöglichen ein Auftanken für die Woche. Aber tiefe Entspannung erreiche ich nur ohne Gustav. Sind wir in der gleichen Wohnung, drehen sich meine Gedanken um ihn. Ich spüre seine Anwesenheit, auch wenn er im Nebenzimmer mit Daniel spielt. Sind beide draußen unterwegs, kann ich im Bett liegen und lesen und komme richtig herunter, kann auftanken. Vielleicht sollte ich auch mal in ein Hotel im Umland fahren. Dann aber mit Daniel oder einer guten Freundin. Ganz alleine wäre mir dann doch zu still.

Neben den planbaren Schließzeiten der Kita gibt es unvorhersehbare Betreuungslöcher, die sich auftun, wenn Gustav krank ist und zu Hause bleiben muss. Bis jetzt hatte er immer nur kleinere Erkältungen und Magen-Darm-Erkrankungen, aber auch einzelne Krankheitstage reißen Betreuungslöcher in unseren eng getakteten Alltag. Und die Kinderkrankheiten wie Mumps, Scharlach, Röteln und Windpocken haben uns noch gar nicht erwischt!

Das einwöchige Betreuungsloch, ausgelöst durch Gustavs Hand-Mund-Fuß-Krankheit, konnten wir dank seiner Oma schließen. Zu unserem großen Glück sind Daniels Eltern bereits in Rente und helfen uns liebend gerne. Trotz der großen Entfernung auch mal von heute auf morgen. Gustav liebt seine Großeltern und sie lieben ihn. So können Daniel und ich in Ruhe arbeiten und wissen Gustav bestens betreut. Er genießt die gemeinsame Zeit mit seiner Oma, die bis zum Umfallen mit ihm spielt, ihn verwöhnt und ihm mehr Zeit schenken kann, als wir an einem normalen Wochentag zusammen. Gustavs Großeltern übernehmen auch die Betreuung in den Frühjahrsferien. Ein Glücksfall für uns alle.

In der Kita, in die der Sohn meiner Freundin Linda geht, gibt es gar keine Schließzeiten. Außer zwischen Weihnachten und Neujahr. So fahren sie als Familie in den Urlaub, wann sie wollen und müssen sich nicht nach einer Schließzeit richten, um das Betreuungsloch möglichst klein zu halten. Solange noch keins ihrer Kind zur Schule geht, fahren sie in der Nebensaison und schwärmen von leeren Stränden und niedrigen Preisen. Wir fahren immer in der Hochsaison. Zu hohen Preisen an volle Strände.

Dann bricht schon mal der Neid aus. Auf unserer Seite wie auf ihrer. Denn fehlende Schließzeiten haben auch ihren Nachteil, wenn vier Erzieher im Jahr 51 Wochen Öffnungszeit abdecken müssen, jedem von ihnen aber 6 Wochen Urlaub zustehen. Das bedeutet nämlich, dass während 24 Wochen pro Jahr nur drei der vier Erzieher anwesend sind. Krankentage und Fortbildungen nicht mitgerechnet. Somit sind nur an gut der Hälfte der Tage eines Jahres alle Erzieher an Bord. An solchen Tagen läuft der Alltag in der Kita rund. Sonst nicht. Der abwesende Erzieher fehlt bei der Betreuung der Kinder, und die Kollegen müssen ihn ersetzen und seine Arbeit mitleisten. Und wehe, wenn dann noch einer krank wird!

Was regelmäßig vorkommt: Denn neben all den Keimen, denen ein Erzieher tagein, tagaus ausgesetzt ist, fordert auch die körperliche Belastung ihren Tribut. Die jüngsten Kinder können manchmal noch nicht einmal laufen und müssen herumgetragen werden. Nicht selten endet die Schlepperei mit Muskel- und Rückenerkrankungen. Hoch auf den Wickeltisch, runter vom Wickeltisch, rauf auf den Arm, runter vom Arm, runterbeugen, um Nasen zu putzen, Schuhe zu binden. Und wenn ein Erzieher mal sitzt, dann auf Miniaturstühlen, so dass der Kopf zwischen den Knien hängt.

Ich spüre schon nach 30 Minuten auf den Stühlchen jeden Muskel und jeden Knochen und freue mich nicht nur deswegen, wenn der Elternabend endlich hinter mir liegt und der nächste in weiter Ferne scheint.

All das nehmen wir für die umfassende Betreuung unseres Sohnes aber gern in Kauf. Aussuchen können wir es uns ja eh nicht.

17

WAS GEHT DA EIGENTLICH VOR SICH? (DANIEL)

Den formalen Tagesablauf unserer Kita-Gruppe kenne ich sehr gut. Um halb neun gibt es Frühstück, anschließend eine Freispielphase, gegen 10 Uhr folgt der Morgenkreis, erneute Freispielphase in der Gruppe – gerne draußen im Garten –, um 11:30 Uhr wird mittaggegessen, danach machen alle Kinder Mittagsschlaf. Währenddessen essen die Erzieher, räumen auf und entsorgen die gröbsten Spuren der Raubtierfütterung. Oder entspannen ein bisschen. Der Nachmittag wird meist im Garten verbracht, solange es nicht gewittert, stürmt oder die Temperaturen weit unter dem Gefrierpunkt liegen.

So weit, so gut. Was aber passiert eigentlich inhaltlich den ganzen Tag? Welche Lieder und Reime singen die Kinder, was malen sie, gibt es Streitereien, treten Probleme auf? Von all diesen Dingen habe ich keine Ahnung.

Zum einen ist das der natürlichen Sprachbarriere zwischen Gustav und uns geschuldet. Beim Abendessen frage ich oft: »Was gab es denn heute zu Mittag?«

»Nudeln«, sagt Gustav dann, aber nicht, weil es Nudeln gab, sondern weil er gerne Nudeln isst.

Ich hake nach: »Oder gab es Reis? Oder vielleicht Kartoffeln?« Die Standardantwort darauf lautet: »Ja.«

So viel zu Gustavs und meiner allabendlichen Kommunikation. Mittlerweile habe ich das Gefühl, er möchte mir gar nichts aus seinem Kita-Alltag erzählen. Nach dem Motto: »Das geht euch nichts an. Das ist mein Ding«, bloß dass er das noch nicht so deutlich sagen kann. Seine einsilbigen Antworten legen diesen Rückschluss jedoch nahe.

Zum anderen resultiert meine Unkenntnis über den pädagogischen Inhalt des Kita-Vormittags eindeutig aus der nahezu fehlenden Kommunikation zwischen den Erziehern und uns Eltern. Komme ich nachmittags in die Kita und frage: »War alles in Ordnung?«, lautet auch hier die Standardantwort: »Ja.« Allerdings dürfte das in diesem Fall nicht an noch fehlenden Sprachfähigkeiten liegen. Eher an Unlust und mangelnder Kommunikationskompetenz.

Zum Thema Kommunikation und deren Tücken fällt mir eine Geschichte ein, die mir ein befreundeter IT-Fachmann aus seinem Berufsalltag erzählt hat und die mich an so manche Unterhaltungen zu Hause erinnert. Ein Kunde von ihm hatte ein Problem mit seinem Computer. Mein Freund hegte den Verdacht, dass er einfach zu viele Programme zur selben Zeit geöffnet hatte und seinen betagten Rechner schlicht überforderte. Daher bat mein Freund den Kunden, zuerst alle Fenster zu schließen und dann den Computer neu zu starten. Der Kunde stand auf, schloss sein geöffnetes Bürofenster und drückte danach den Aus-Knopf seines Computers. Mein Freund war fassungslos.

Ein guter Kommunikator spricht die Sprache seines Gegenübers und beugt solchen Situationen vor. In diesem Fall haben beide Beteiligte unterschiedliche Sprachen gesprochen, wenn auch nicht so offensichtlich, wie wenn sich ein Ire mit einem Italiener unterhält.

Genauso scheint es auch bei uns zu sein. Gustav spricht seine eigene Sprache, wir Eltern eine andere. Noch dazu lebt er im Hier und Jetzt und vergisst vieles sofort wieder, weil es nicht interessant oder nicht von Bedeutung war.

Seit einigen Tagen sind unsere Gespräche mit den Erziehern deutlich ausführlicher geworden. Denn Gustav geht mit Begeisterung aufs Töpfchen – zumindest in der Kita. Die Freude scheint nicht einseitig zu sein, denn plötzlich werden wir von Erzieherseite nun oft mit den Worten »Er war alleine auf dem Töpfchen« empfangen, denen eine genaue Beschreibung des Töpfcheninhaltes folgt. Um es den Kindern zu veranschaulichen, was sie da Tolles fabriziert haben und um sie bei der Stange zu halten, wird je nach Produkt ein Tiername vergeben. Auf diese Weise machte mein Kleiner schon die gesamte Fauna ins Töpfchen: einen Maulwurf, eine Schlange, ein Bärchen, sowie, Vorsicht bitte: einen Löwen.

Nachdem ich mir mehrere Tage lang detaillierte Berichte über die Ausscheidungen meines Sohnes angehört habe, bitte ich darum, genauere Beschreibungen ab sofort zu unterlassen. Vor allem jede tierische Metapher. Was soll ich mir bitte unter einem »Löwen« vorstellen? Ich habe schon viel gesehen in meinem Wickelleben, einen Löwen noch nicht. Nur einen Raubtierkäfig habe ich schon mehrmals gerochen.

Außerdem sind wir auf diesem Gebiet bereits gebrandmarkt. Als Gustav durch die Einführung von Breikost Verstopfung bekam, fragte uns die Kinderärztin, wie sein Stuhl aussehe. Mir fiel nichts Besseres ein, als »Wie ein Mentos« zu sagen. Seither können weder Anna noch ich diese wirklich leckeren Bonbons noch essen.

Wenn ich ehrlich bin, muss ich auch gar nicht wissen, was tagsüber in der Kita so alles passiert. Erst neulich erzählte mir eine befreundete Mutter eine haarsträubende Geschichte, die ihr beziehungsweise ihrem Sohn passiert ist.

Wie jeden Nachmittag kam sie in die Kita, um ihr Kind abzuholen. Aus Zeitdruck war sie mit dem Fahrrad durch den schwülwarmen Nieselregen gerast und noch ganz außer Atem, als sie ihr Fahrrad am Kitazaun anschloss. Der Garten schien leer – kein Wunder, denn immerhin regnete es ja, und ein Gewitter zog heran. Sie eilte durch den Garten, um möglichst rasch ins Haus zu gelangen und vielleicht sogar noch vor Einsetzen des Gewitters wieder zu Hause zu sein. Ein Rascheln im Gebüsch ließ sie langsamer werden, und fast wäre sie gestolpert. Vor ihr stand, nur mit einem klitschnassen Body bekleidet, ihr eigener zweijähriger Sohn.

»Mama, die haben mich hier vergessen«, lautete seine Begrüßung.

»Der Friedrich hat sich halt geweigert, mit reinzukommen. Ich war nur kurz drinnen, um die anderen Kinder schon mal ins Trockene zu bringen«, erklärte die Erzieherin. Die Bestürzung meiner Freundin wuchs durch diese Erklärung noch.

»Er ist ein Kind. Und erst zwei.« Sie versuchte, die Fassung zu bewahren.

»Ich war ja bereits wieder auf dem Weg nach draußen, um Ihren Sohn zu holen«, entgegnete die Erzieherin, die das Entsetzen und den leise aufkommenden Ärger unserer Freundin nicht verstehen konnte. »Dafür habe ich Zeugen.«

Um die Situation nicht eskalieren zu lassen, atmete unsere Freundin ruhig ein und aus, zog ihrem Sohn etwas Trockenes über und raste mit ihm durch den stärker werdenden Regen nach Hause.

Wenn bei uns in der Kita so etwas in der Art passiert, dann muss ich das nicht wissen; ich würde Gustav wohl nie wieder da hinschicken. Manchmal finde ich es zwar durchaus seltsam, was so an Geschichten aus der Kita kommen, aber richtig schlimm sind sie eigentlich nie. Und wenn Gustav älter ist und mir erzählen könnte, was in seiner Gruppe so vor sich geht, ist er wahrscheinlich auch schon alt genug, um mir die unangenehmen Geschichten von sich aus zu ersparen.

18

VÄTER SIND KEINE MÜTTER (DANIEL)

Es ist ein Phänomen: Jeden Morgen in der Kita begegne ich genauso vielen Müttern wie Vätern. Während die Damen immer im Gespräch sind, schweigen die Herren beharrlich. Ich bin da nicht anders als die anderen Männer. Mir fällt bei unseren morgendlichen Begegnungen einfach nichts Erzählenswertes ein. Wir Väter scheinen diesbezüglich komplizierter zu sein als die Mütter. Sie organisieren sich einfach besser. In erstaunlich kurzer Zeit knüpfen sie Kontakte, treffen Verabredungen oder tauschen sonstige Informationen aus. Ich selbst würde nie auf die Idee kommen, einen anderen Vater morgens in der Kita-Garderobe zu fragen, ob wir später zusammen einen Kaffee trinken gehen. Das machen Männer einfach nicht. Genauso wenig, wie wir nach dem Weg fragen.

Das ist ein Phänomen, das im Kindesalter noch nicht aufzutreten scheint. Gustav lädt mittlerweile gerne von selbst andere Kinder zum Spielen ein und findet nichts komisch daran. Beginnt die Abschottungsphase bei Männern also erst viel später?

Vielleicht liegt es auch an der Aufteilung des Bringen und Holens. Das Modell, welches wir fahren, ist die Standardversion. Der Mann bringt das Kind morgens in die Kita, die halbtags arbeitende Frau holt es nachmittags ab. Da der Morgen bei den Männern in der Regel von Hektik geprägt ist, sind sie meist gleich wieder weg, sobald das Kind abgeliefert ist. So lassen sich kaum Kontakte knüpfen.

Die Frauen hingegen haben am Nachmittag mehr Zeit. Man kann in Ruhe miteinander quatschen, während die Kinder noch gemeinsam zu Ende spielen, oder auf einen gemeinsamen Kaffee ums Eck gehen.

Allerdings erklärt das nicht die generelle Maulfaulheit der Männer. Ich persönlich bin nicht auf den Mund gefallen und auch niemand, der sich einem gepflegten Small Talk entzieht. Natürlich habe ich nicht immer Lust, über das Wetter oder die politischen News des Tages zu sprechen. Aber wenn man persönliche Überschneidungen wie die gemeinsame Kinderbetreuung hat, gehört es dazu, sich gelegentlich auszutauschen und sich etwas näher kennenzulernen. Männer sind dafür aber scheinbar zu cool.

Doch irgendwann kommt der Durchbruch. Nach etwa einem Dreivierteljahr, bei einem Gartenfest in der Kita, geschieht ein denkwürdiges Ereignis. Ich sehe einige Männer, die in einer Gruppe beisammenstehen und sich anregend unterhalten. Ich erkenne meine Chance, reihe mich ein und bin mitten in einer Fußballdiskussion. Ich diskutiere mit und sehe dabei in glückliche Männergesichter. Es scheint, als seien alle erleichtert, ein Thema gefunden zu haben, über das sich problemlos reden lässt. Und so fühlen wir uns schnell wie auf einer Gartenparty bei Freunden und nicht wie auf einem Fest in einer Tagesstätte für kleine Kinder. Nach einem Dreivierteljahr finde ich dabei heraus, dass es in Gustavs Gruppe drei andere Väter gibt, die so heißen wie ich. Das mag nicht weiter verwundern, so selten ist der Name in unserer Generation nicht. Aber den Namen der Männer, die man jeden

Morgen sieht, erst nach so langer Zeit zu erfahren, ist schon etwas seltsam.

Fürs nächste Mal weiß ich jetzt, dass wir Männer nur ein gutes Fest und ein Gespräch über Fußball brauchen, um uns näherzukommen. So kompliziert sind wir also gar nicht.

Übrigens gibt es auch generationsübergreifend so manchen Unterschied zwischen Männern und Exemplaren des weiblichen Geschlechts. Vieles verstehen wir Männer einfach nicht. Ein Kollege von mir hat eine kleine Tochter, etwas älter als Gustav, die auch seit kurzem eine Kita in unserer Nachbarschaft besucht. Sie kam eines Tages mit einem ungewöhnlichen Wunsch nach Hause:

»Papa, ich will einen Baseballschläger!«

Verwundert, warum seine dreijährige Tochter einen solchen Wunsch hat, fragte er nach dem Grund.

»Wieso denn einen Baseballschläger, weißt du überhaupt, wie so etwas aussieht?«

Sie sah ihn verächtlich an und antwortete entschieden:

»Na klar weiß ich das – pink!«

Soweit ich weiß, ist ihr Wunsch nicht in Erfüllung gegangen.

DER ALLTAG IN DER KITA

19

MEIN PAPA FRISST POPEL (DANIEL)

Ich verstehe mich prächtig mit meinem Sohn. Wir haben beide ein Faible für Ballsportarten, essen gerne Süßigkeiten und lieben leidenschaftlich dieselbe Frau (nur dass er »Mama« zu ihr sagt).

Allerdings muss ich mir eingestehen, dass sich unser Sinn für Humor zuweilen recht weit auseinanderbewegt. Als ich Gustav eines Abends beim Vorlesen den Begriff »Gullydeckel« erkläre, verliebt er sich unsterblich in dieses Wort. Wochenlang kugelt er sich mehrmals täglich am Boden und brüllt »Gullydeckel«, um danach einen spitzen Schrei auszustoßen und schlussendlich in schallendes Gelächter auszubrechen. Ich stehe regelmäßig fassungslos daneben und versuche, Haltung zu bewahren. Was er an diesem Begriff so bahnbrechend lustig findet, erschließt sich mir auch nicht nach wiederholter Aufführung. Anderen Beiwohnern des Schauspiels ergeht es ebenso.

Leider ist das nicht der einzige Begriff, der in Gustavs Sprachwelt derartige Begeisterung auslöst. Seit nunmehr einem Jahr geht er in die Kita und hat seinen Wortschatz in dieser Zeit nicht nur um sinnvolle Begriffe erweitert. Meistens kommen die Ausdrücke von den »groooßen Jungs«. Von mir aus könnte er einiges davon ruhig in der Kita lassen.

Von Worten wie »Pupskopf«, »Gullyarsch« oder ganz simpel »Scheiße« scheint eine magische Kraft auszugehen. Gustav kringelt sich schier vor Lachen beim Ausstoßen dieser Begriffe. Ich finde das weniger lustig und versuche, meine Miene möglichst nicht zu verziehen, wenn wieder einmal Schimpfwortkaskaden über uns hereinbrechen. Die Erfahrung hat gezeigt, dass der geringste Anflug von Anteilnahme reicht, damit sich unser Sprössling dazu berufen fühlt, weitere für ihn lustige Wortsalven abzufeuern.

Das bedeutet aber auch, dass Anna und ich seit längerer Zeit nicht mehr offen sprechen können. Da man erzieherisch wirken muss, ist es wenig förderlich, wenn man selbst Schimpfworte oder unangemessene Sätze von sich gibt. So wurde ich eines Abends von Gustav belehrt: »Papa, ›verdammte Scheiße‹ darf man sagen.«

Auf meine Nachfrage erklärt er mir, wie er darauf kommt.

»Mamas Auto … der Spiegel … kaputt. Dann darf man ›Scheiße‹ sagen.«

Ich werfe Anna einen fragenden Blick zu, und sie gesteht, an diesem Tag tatsächlich ein kleines Malheur mit dem Auto gehabt zu haben. Dass sie aber wirklich einen Kraftausdruck zur Unmutsbekundung benutzt haben soll – daran kann sie sich beim besten Willen nicht erinnern.

Seitdem wir Gustavs Angewohnheit, die Füße während des Essens auf den Tisch zu legen, erfolgreich damit bekämpft haben, dieses Verhalten einfach nicht zu beachten, versuchen wir das Mittel »elegante Missachtung« auch bei Schimpfwörtern einzusetzen. So kann es schon mal vorkommen, dass wir Eltern uns am Abendbrottisch über das Tagesgeschehen unterhalten, ohne dem lauthals schreienden Kind neben uns

Aufmerksamkeit zu schenken. Falls uns dabei einer unserer Nachbarn schon mal beobachtet hat, wundert es mich, dass er nicht das Jugendamt verständigte. Ich an dessen Stelle hätte gedacht, dort sitzen zwei vollkommen verrückte Menschen am Tisch, deren Kind schnellstens gerettet werden muss.

Doch nicht immer ist die Nichtbeachtung das Mittel unserer Wahl. Manches Fehlverhalten unseres Sprösslings macht hartes Einschreiten nötig. Zum Beispiel das Balancieren auf Stühlen und hohen Betten oder das Hantieren mit scharfen Brotmessern. Um immer angemessen zu reagieren, entwickelten wir folgenden Leitsatz: Sind Leib und Leben in Gefahr, erfolgt sofortige Intervention. Sind lediglich das Trommelfell oder Tischmanieren gefährdet – Ruhe bewahren und Gras darüber wachsen lassen.

Vor kurzem wurden Gustav und ich im Supermarkt von einer Frau beobachtet, die in der Kassenschlange neben uns stand. Gustav saß im Einkaufswagen und beschimpfte mich mit den neuesten Errungenschaften seiner großen Kumpels aus der Kita. Die Frau sah mich bewundernd an, wie ich bei diesem fiesen Geschrei nur so ruhig bleiben konnte. Vielleicht war sie aber auch entsetzt über die schrecklichen Worte, die da aus dem kleinen Geschöpf herauskamen. Ich kann sie verstehen, früher hätte ich auch nicht gedacht, dass ein Zweijähriger schon Sätze sagen kann wie: »Papa ist ein groooßes Kackamonster.«

Dann aber habe ich zurückgeschlagen. Eine von Gustavs großen Leidenschaften ist Ketchup. Er liebt es heiß und innig und würde am liebsten jede Mahlzeit damit verfeinern. Nur leider kann er das Wort noch nicht richtig aussprechen und sagt etwas, das sich so ähnlich anhört wie »Sexshop«.

Es mag für einen Erwachsenen vielleicht nicht schicklich sein, schon gar nicht für einen Vater, das lustig zu finden, aber ich tue es trotzdem. Innerlich lache ich Tränen, wenn Gustav im Restaurant wieder einmal nach »groooße Sexshop« verlangt. Mittlerweile trainiert wie ein Pokerspieler, bei Wortäußerungen meines Kleinen keine Regung zu zeigen, kommt mir diese Fähigkeit auch hier zugute.

Als wir bei unserem letzten Vater-Sohn-Ausflug bei einer Curry-Bude haltmachten, kippte dem Mann an der Kasse seine Berliner Schnauze beinahe auf den Tresen.

»Sach ma, wat hat der Kleene da jesacht?«

»Ketchup will er. Und zwar eine große Portion«, erwiderte ich, ohne mit der Wimper zu zucken, während in meinem Inneren ein Feuerwerk abbrannte.

Dass dies aber nur kleine Momente des Sieges sind, macht mir Gustav relativ schnell klar. Als die Getränke gebracht wurden, vertraute er unserer Kellnerin mit verschwörerischer Miene an:

»Mein Papa frisst Popel.«

Als sie außer Hörweite war, vervollständigt er seinen Reim und lächelt mich an:

»Eene meene Mopel. Papa, danke für das Sexshop.«

Wir verstehen uns schon, wir beiden.

20

KINDERKLEIDUNG AUS DEM ZWERGENLAND (ANNA)

Gestern waren wir bei der U7, eine der regelmäßigen Standard-Untersuchungen beim Kinderarzt. Gustav ist jetzt 88 cm lang und wiegt 12,5 kg. Damit ist er 13 cm größer als bei der U6 vor zwölf Monaten. Durchschnittlich ist er also knapp 1,1 cm pro Monat gewachsen. Auch ohne Zentimeterleiste lässt sich das gut an seinen Ärmeln erkennen, denn seit einigen Wochen trägt Gustav Hochwasser-Look. Vor allem in den letzten Wochen hat er einen gewaltigen Schub gemacht.

Im Gegensatz zu seinen kleinen Spielkameradinnen, die sehr gut selbst wissen, was ihnen steht und bei jeder Wetterlage ein rosa Kleidchen anziehen wollen, ist es Gustav bis dato völlig egal, wie seine Shirts aussehen. Für ihn zählt bloß die Weite des Halsausschnittes. Möglichst groß sollte er sein und leicht über den Kopf zu ziehen. In beiden Richtungen. An und aus. Mittlerweile ist das auch meine Priorität. Enge Halsausschnitte haben mich schon an so manchem Morgen an den Rand des Wahnsinns getrieben.

Erst kriege ich das Schlafanzugoberteil nicht ausgezogen, weil der Dickschädel von Gustav in der Halsöffnung stecken bleibt, so dass ich ihn, begleitet von lautem Geschrei, befreien muss. Während ich das Oberteil über seine Ohren zerre, versuche ich gleichzeitig, seinen um sich schlagenden Armen auszuweichen. Am Ende schnaufen wir beide, und Gustavs Lust, sich für den Tag anziehen zu lassen, hält sich in Grenzen. Genau wie meine Laune. Am liebsten würde ich kapitulieren, denn der Großkampf steht uns noch bevor, und ich bin jetzt schon klitschnass geschwitzt.

Als Nächstes bemühe ich mich, Gustav ein T-Shirt über den Kopf zu ziehen. Über den Body und unter den Pullover. Macht drei Schichten Kleidung und dreimal Kleidung über den Kopf, der mir heute besonders groß vorkommt.

Um den morgendlichen Kampf zu umgehen, kaufe ich mittlerweile alle T-Shirts und Pullover zwei Nummern größer. Zwar reichen sie Gustav bis zu den Knien, und die Ärmel sind immer ein gutes Stück hochgekrempelt. Aber dafür flutscht der Kopf problemlos durch. Ziel erreicht, finde ich.

Inzwischen möchte sich der kleine Mann selbst an- und ausziehen. Wenn es morgens schnell gehen muss, strapaziert das unsere Nerven. Ihn aber macht es unfassbar stolz. Na ja, und mir geht schon das Herz auf, wenn er nach vielen Mühen die Hose endlich hoch- und den Reißverschluss zugezogen kriegt und mit einem triumphierenden Lächeln vor mir steht.

Das klappt allerdings nicht immer, und er kann sich herrlich aufregen, wenn er einen Ärmel nicht findet oder ein T-Shirt bereits halb über den Kopf gezogen hat, im Dunkeln feststeckt und weder vor noch zurück kommt. Auch hier helfen die übergroßen T-Shirts mit weitem Halsausschnitt.

Die Erzieher in der Kita sind ebenfalls glücklich über unsere kinderfreundliche Kleidung, denn auch sie trainieren mit den Kleinen das eigenständige An- und Ausziehen.

Ich möchte nicht in deren Haut stecken. Gut 20 Kinder

müssen sie zum Mittagsschlaf ausziehen, danach wieder an, vorm Rausgehen wird die Regenkleidung übergezogen und beim Reinkommen wieder aus. Macht viermal Umziehen, zweimal an und zweimal aus. Ungeplante Kleidungswechsel nach Unfällen beim Essen oder beim Sauberkeitstraining sind noch nicht eingerechnet. Also zieht jeder der zwei Erzieher pro Tag zehn Kinder mindestens vier Mal an und aus. Macht vierzig Mal ein Kind umziehen. Pro Tag. Da ist man um jedes Kind dankbar, das sich die Mütze alleine aufsetzt und die Jacke selbständig zukriegt.

Nun ist der Herbst da und mit ihm die kalte und häufig nasse Witterung. Da muss man gerüstet sein. Zum Glück passt die Regenjacke aus dem letzten Jahr noch, und Gummistiefel haben wir auch schon. Ein Paar für 1,50 Euro vom Kinderflohmarkt, ein zweites Paar von Freunden geliehen, deren erste Tochter herausgewachsen ist und deren zweite noch nicht reinpasst. Zwischennutzung also.

Nun fehlt noch die Matschhose, ein Kleidungsstück, das ich erst kennenlernte, als ich Mutter wurde. Gustavs alte ist so kurz, dass zwischen seinen Stiefeln und der Matschhose fünf Zentimeter fehlen. Jeder Sprung in die Pfützen beschert ihm eine nasse Strumpfhose und uns Geschrei. Denn so gerne Gustav mit Wasser spielt und mit Anlauf ins Regenwasser springt, nass werden möchte er dabei auf gar keinen Fall. Wenn es doch passiert, stehe ich mit einem schreienden Kind auf der Straße (»Die Hose ist nass, ich will eine neue Hose haben!«). Meistens ohne Ersatzklamotten. Ich sehe ohnehin immer aus, als würde ich auswandern wollen, wenn ich nachmittags mit Gustav unterwegs bin. Seine Trinkflasche, meine Wasserflasche, Brötchen für uns beide, eine Banane oder ein Apfel, Buddelzeug mit Bagger und Laster sowie Wickelzeug sind immer dabei. Deshalb spare ich mir das Wechselzeug, das ich erst dann wieder einpacke, wenn Gustav ohne Windeln herumläuft und mal etwas danebengehen kann. Den nächsten Kinderwagen werde ich ausschließlich nach der Größe des Korbs unterm Sitz auswählen.

Am besten legt man sich Regenkleidung in doppelter Ausführung zu, eine Montur für zu Hause und eine für die Kita. Früher standen wir nämlich am Wochenende mit nerviger Regelmäßigkeit da, und Gustavs Matschhose und Gummistiefel waren mal wieder in der Kita geblieben. Und wenn ich daran gedacht hatte, die Regenkleidung am Freitag mitzunehmen, vergaß Daniel mit hoher Wahrscheinlichkeit, sie am Montag wieder zurückzubringen, so dass Gustav ohne Regenkleidung in der Kita stand. Sehr ungünstig für ihn. Günstig für die anderen Kinder; denn wenn er einmal mit seiner Stoffhose die Rutsche runtersauste, war sie im Anschluss trocken. Gustav ist nicht das einzige Kind, das Wasser liebt, aber nicht gern nass wird.

Heute Morgen regnet es in Strömen. Eigentlich wollte ich mit dem Rad zur Kita und von dort weiter zur Arbeit. Beim Blick aus dem Fenster disponiere ich spontan um und setze Gustav ins Auto. Als wir an der Kita ankommen, stiefeln viele kleine Menschlein vor uns her zur Eingangstür. Kleine Kinder in Regenmontur, die keine Pfütze auslassen. Die Eltern haben die Köpfe zwischen die Schultern gezogen und versuchen, ihr eigenes Kind möglichst schnell durch den Parcours aus Wasserlachen zum Haus zu schleusen. Doch Kinder haben eine andere Vorstellung von Zeit. Meist kollidiert sie mit der unserer Erwachsenenwelt.

Während wir uns in den Strom aus hüpfenden Kindern und schiebenden und ziehenden Eltern einreihen, fällt mir auf, dass viele Kinder die gleichen Regenjacken und Gummistiefel tragen. Jungen in Blau-Grün, Mädchen in Lila und Pink.

Die Mode für Mädchen und Mode für Jungs ist strikt getrennt. Die klassische Jungenfarbe Blau in all ihren Schattierungen wird ergänzt durch ein wenig Grün, Braun und Weiß. Bei den Mädchen Rosa, Pink und Lila allerorten. Wohlwissend um die Genderforschung versuchen heutzutage wieder viele Eltern, die klassischen Rollenbilder aufzuweichen. So schenken auch in unserem aufgeklärten Freundeskreis viele ihren Söhnen eine Puppe und ihren Töchtern einen Bagger. Und so bekam auch Gustav zu seinem ersten Geburtstag eine Puppe. Wer noch in der klassischen Geschlechteraufteilung denkt, ist von gestern.

Aber wenn wir dann Gustav mit seiner roten Mütze auf seinem herausgewachsenen Haarschnitt über das Berliner Straßenpflaster schieben, ist sich fast jeder sicher: Das ist ein Mädchen. Die Aufklärung treibt vielen die Röte ins Gesicht, als hätten sie uns persönlich beleidigt, etwas Falsches gesagt.

Meiner Schwägerin erging es da ganz anders. Im Wartezimmer beim Kinderarzt guckten die Eltern um sie herum lächelnd auf das ganz in Rosa gekleidete Baby und fragten ganz höflich: »Ist es ein Junge oder ein Mädchen?« Wussten sie, dass meine Schwägerin sich vielleicht sehnlich einen Sohn gewünscht hatte? Wollten sie sich liberal geben oder einfach nur höflich sein?

Ja, da meine Nichte älter als Gustav ist, hat auch er einige rosafarbene Erbstücke, aber gezielt gekauft habe ich sie ehrlich gesagt nicht. Seine Puppe an- und auszuziehen hat Gustav übrigens nie die Bohne interessiert. Er hat sie im rosa Plastikbuggy durch die Straßen geschoben und mit einem »Brmmm« auf den Lippen Rennen veranstaltet. Immer im Slalom um die Leute herum.

Hier im Prenzlauer Berg ist in den letzten Jahren eine gewisse Uniformität eingezogen. Fast alle Cafés bieten Bio-Essen und Getränke an, Bio-Gebäck allerorten, Vintage-Läden für Möbel und Kleidung, in allen Boutiquen findet man ähnliches Design. Einheitsbrei für den Kiez. Das gilt auch und vor allem für Kinderkleidung. Aber nicht nur hier, sondern überall in Europa und den USA.

Neben Wolle, gekauft oder von Oma gestrickt, sieht man überall Zipfelmützen mit Webband und Label. Für die Kleider des eigenen Nachwuchses kann man ein Vermögen ausgeben, und nicht wenige Eltern scheinen bereit dazu.

Viele Kinder sehen aus wie kleine Erwachsene – Marineblau und Schwarz sind schöne Farben, aber wenn das Kind von Kopf bis Fuß in dunkler Kleidung steckt, unterscheidet es sich allein durch die Größe von seinem Herrn Papa. So spazieren die kleinen Jungs in Hemd und Kragen, die kleinen Mädchen in Skinny Jeans mit Ballerinas oder Stiefeln und alle in dunklen Daunenjacken in schönster Gleichförmigkeit mit ihren Eltern durch den Herbst.

Ich gucke mir lieber kleine Knallbonbons an, die Muster und Farben mutig miteinander kombinieren. Wild gemusterte Kleidung hat sogar einen entscheidenden Vorteil: Diverse Matsch- und Essensflecken werden wunderbar kaschiert und fallen erst bei näherer Betrachtung auf.

Gustav wollte erst kürzlich partout seine Schlafanzughose

nicht ausziehen. Da ich keine Lust auf großes Geschrei am Morgen hatte, ist er halt damit in die Kita. Sein Kumpel Jakob kam mit Feuerwehrhelm, Oskar mit Warnweste und ihre kleine Freundin Leni mit Musterkleid über gestreiften Leggins. So geht Vielfalt. Wahrscheinlich hatten sie sich abgesprochen.

Gustav trägt jeden Abend die Speisekarte des Tages auf seinem T-Shirt, so dass sich die Frage »Was gab es heute in der Kita zu Mittag?« erübrigt. Ein Blick genügt, um zu wissen: Es gab irgendwas mit Tomatensoße. Wahrscheinlich Nudeln oder Reis.

Unser Kiez ist voll mit Geschäften für Kinderkleidung. Leider lässt der Preis häufig nicht erkennen, ob es sich um neue oder gebrauchte Klamotten handelt. Denn auch für Secondhand-Teile kann man ein hübsches Sümmchen lassen. Wertstabil würde der Banker sagen, unverschämt sage ich. 70–80 % des Neupreises für eine sichtbar gebrauchte Winterjacke zu zahlen sehe ich nicht ein. Klar, die Besitzer der Secondhand-Läden haben Fixkosten und müssen vom Verkauf leben, aber bei diesem Klamottenwahnsinn muss ich zum Glück nicht mitmachen. So tausche ich lieber mit Freundinnen Kleidung hin und her oder kaufe auf dem jährlichen Flohmarkt unserer Kita. Zwar sieht man den Klamotten und Spielsachen ihr Alter an, aber dafür ist der Preis angemessen. Außerdem ist es häufig sogar sehr charmant, wenn ein Kleidungsstück schon ein paar Wasserlachen oder Sandschlachten mitgemacht hat.

Auch wir haben schon einige Euros in Kinderkleidung investiert, beflügelt vom Nestbautrieb während der Schwangerschaft und immer mal wieder zwischendurch. Bevor Gustav im tiefsten Berliner Winter das Licht der Welt erblickte, machten wir eine Tour durch die ansässigen Kinderbekleidungsläden. Ein Winteranzug für den kleinen Mann musste her, schließlich sollte er nach neun Monaten bei konstanten 37 Grad draußen nicht frieren. Von Freunden war uns ein Wollanzug empfohlen worden, mit knapp 70 € nicht ganz billig, für zarte Babyhaut jedoch das Beste. Einige Tage später fanden wir uns in einem dieser Läden wieder, die »natürliche Kinderkleidung« anbieten. Es gab verschiedene Overalls, darunter »Walkoveralls« aus 100 Prozent Schurwolle. Klang schön warm und fühlte sich kuschelig weich an.

Genau das Richtige für den kleinen Mann. Nur der Name irritierte uns. Als unwissende Eltern dachten wir nämlich »Walk« käme vom englischen *»to walk« = gehen*, was uns für einen Neugeborenen reichlich unpassend erschien. Wir kamen nicht auf die Idee, dass die Wolle gemeint war und dass es »gewalkt« heißt, also speziell behandelt.

Wir haben den Wollanzug dann gekauft. Er war so dehnfähig, dass Gustav auch als Einjähriger noch damit durch seinen zweiten Berliner Winter spazierte. Allerdings taugt er weniger für Regenwetter und sollte nach Herstellerangaben von Hand gewaschen werden. Nachdem Gustavs Windel nicht hielt, was sie versprach, habe ich den Anzug einfach in die Waschmaschine gesteckt – Wollwaschgang kalt. Danach sah er zwar nicht mehr ganz so aus wie vorher, roch dafür aber besser. Man muss halt Prioritäten setzen. Danach habe ich ihn immer wieder in die Waschmaschine gesteckt.

Mittlerweile sind wir in der Garderobe angekommen. Auf dem kurzen Weg vom Auto zur Kita ist Gustav in fünf Pfützen gesprungen. Dank der fünf freien Zentimeter zwischen

Stiefel und Matschhose ist das Resultat eine nasse Strumpfhose. Ich organisiere eine neue von der Erzieherin und ziehe Gustav um. Neben mir kämpfen drei andere Mütter mit ihren Kindern. Das erste möchte seine Stiefel nicht ausziehen, das zweite seine Hausschuhe nicht an, und das kleine lockige Mädchen aus der Nachbargruppe liegt schreiend auf dem Boden. Ich glaube, sie hat einfach nur einen schlechten Morgen. Herbst und Winter mit den ganzen Klamotten zum An- und Ausziehen sind wirklich überflüssig.

Nachdem sich der größte Tumult gelegt hat, frage ich in die Runde, wo man am schnellsten eine neue Matschhose herbekommt. Zu meiner Überraschung antworten alle drei Mütter das Gleiche. Augenscheinlich kauft ein Großteil der Eltern unserer Kita die Regenkleidung ihrer Kinder beim gleichen Anbieter. Viele Mütter lassen sich sogar den Newsletter zuschicken, um keine Angebote zu verpassen. Meistens sind es wir Frauen, die als Managerinnen Preise vergleichen und Angebote überblicken. Ich glaube, ich kenne keinen Mann, der sich um diese Dinge kümmert. Daniel kennt noch nicht mal die aktuelle Konfektionsgröße. Schlau.

Wenn ich nachher losgehe, um eine Matschhose zu kaufen, werde ich mich gleich in diese ominöse Empfängerliste eintragen.

21

IHR KINDERLEIN KOMMET (DANIEL)

Es gibt keine Zeit im Jahr, die anstrengender ist als die Zeit um Weihnachten. Beinahe jeden Tag passiert etwas, das den Alltag aufmischt und Eltern wie uns in den Wahnsinn treibt. Leider betrifft das nicht nur die Feiertage um das eigentliche Fest. Bereits weit davor, noch vor Anbruch des Dezember, spürt man die ersten Ausläufer. Ende November beginnen in der Kita nämlich die Vorbereitungen für das Großereignis des Jahres, den Besuch des Nikolaus. Alle sind in heller Aufregung, vor allem weil dieses Jahr alles anders ist. Der Gatte einer Erzieherin, der üblicherweise den Mann in Rot mimt, fällt bandscheibenbedingt aus, und ein Ersatz muss her. In ihrer Not fragen die Erzieherinnen alle Väter der Kita an, so auch mich.

»Können nicht Sie dieses Jahr die Rolle des Nikolaus übernehmen?«, überfällt mich Christa in der Garderobe. Panik macht sich in mir breit. Wie kann ich der Situation elegant entfliehen?

»Das Kostüm würden wir Ihnen stellen, Sie müssten sich nur so einen tollen weißen Rauschebart besorgen.« Mein Gesichtsausdruck muss Bände sprechen.

»Ich kann Sie mir sehr gut als Nikolaus vorstellen«, versucht mich Christa zu überzeugen. »Die Kinder freuen sich doch immer so darauf. Es wäre sehr schade, wenn der Nikolaus dieses Jahr nicht kommen könnte.« Wie fies, sie weiß genau, wie man Väter überredet; das stärkste Argument ist das Glück der eigenen Kinder. Um kein Spielverderber zu sein, will ich gerade einwilligen, als mir in letzter Sekunde einfällt, »dass ich genau an dem Tag leider aus beruflichen Gründen in Köln bin«.

Der Kelch geht also Gott sei Dank an mir vorüber. Was sich als Glücksfall herausstellt. Ich habe die Geschichte von einer anderen Mutter gehört, die den Nikolausbesuch nicht gerade besinnlich fand. Der Vater eines zweijährigen Mädchens war als Ersatz eingesprungen. Trotz Verkleidung wurde er nach wenigen Momenten von den Kindern in Gustavs Gruppe enttarnt. Seine Tochter fing bitterlich zu weinen an und versuchte verzweifelt, ihm den Bart abzureißen.

Gustav hat das weniger beeindruckt, er hat den Besuch des Nikolaus in guter Erinnerung, denn es gab Süßigkeiten für alle. Fragt man ihn, wie er den Besuch fand, sagt er mit leuchtenden Augen nur ein Wort: »Schoko.«

Noch bevor sich der Nikolaus seinen Weg in die Kita bahnt, öffnet Gustav das erste Säckchen seines Adventskalenders. Anna hat sich sehr viel Mühe gegeben und einen gebastelt, der neben kleinen Spielzeugen und schönen Bildern vereinzelt auch Gummibärchen und Schokolade enthält. Gustav roch den Braten sofort. Die kleinen Bildchen und Spielzeuge begeistern ihn wenig, er hat es auf die Süßigkeiten abgesehen. Entsprechend groß ist die Enttäuschung, wenn er aus dem Säcklein des Tages ein Klebebildchen zutage fördert. Mit lautem Geschrei wälzt er sich dann auf dem Boden und brüllt. Jeden Morgen drücke ich ihm die Daumen, dass es diesmal klappt. Doch leider hat Anna bei der Konzeption des Kalenders zu sehr an die Gesundheit gedacht.

Für unseren Familienfrieden bedeutet das jeden Morgen eine neue Belastungsprobe. Mit zitternden Knien steigt Gustav aus seinem Bett, so aufgeregt ist er, was das tägliche Säckchen heute für ihn bereithält, während Anna sauer ist, dass ihr liebevoller Kalender so oft verschmäht und sogar lauthals beschimpft wird. Und ich muss diesem finsteren Schauspiel jeden Morgen beiwohnen. Meinen Vorschlag, die noch übrigen Säckchen zusätzlich mit Schokolade zu füllen, schmettert Anna ab, kaum dass ich ihn geäußert habe. Sie ist der Meinung, dass wir diesem unangebrachten Wunsch nach Süßkram nicht nachgeben dürfen. Das hätte nämlich zur Folge, dass sich Gustavs Verhalten im nächsten Jahr wiederholen würde. Und im Jahr darauf. Genau deswegen bin ich für Süßigkeiten: Wenn ich mir den kleinen Giftzwerg bei seinen Schimpftiraden angucke, befürchte ich nämlich, dass die fehlende Schokolade immer wieder für Terz sorgen wird. Jedes Jahr aufs Neue, vier lange Wochen.

Es gibt für Gustav noch ein weiteres Objekt der Begierde, den Adventskranz auf unserem Esstisch. Dem morgendlichen Adventskalenderstreit folgt der Kerzenstreit. Gustav besteht darauf, dass zum Frühstück alle Kerzen des Adventskranzes angezündet werden, vom Beginn der Adventszeit an. Es ist ihm nicht zu vermitteln, dass die vier Kerzen erst nach und nach, Woche für Woche angezündet werden. Warten zählt einfach nicht zu Gustavs Stärken. Und so wiederholt sich jeden Morgen der gleiche Dialog.

»Papa, alle Kerzen an.«

»Nein, wir zünden die Kerzen erst nach und nach an.«

»Ich will aber.«

»Nein.«

»Doch, bitte.«

Das ist seine neue Masche. Er denkt, wenn er ein »Bitte« an seine Forderungen hängt und schief von unten zu mir hochschaut, erfülle ich all seine Wünsche.

Am liebsten würde ich sowohl den Adventskranz als auch den Kalender aus dem Fenster werfen. Andererseits will ich ungern für ein Weihnachtstrauma bei meinem Sohn verantwortlich sein. Eigentlich soll dies ja die schönste Zeit des Jahres sein, das darf ich ihm nicht kaputtmachen. Und so hoffe ich, dass er das Ganze im nächsten Jahr besser begreift und den Zauber richtig genießen kann.

Auch abends lässt uns das Weihnachtsthema nicht los. Kommt Gustav aus der Kita, hat er jeden Tag aufs Neue ein frisch gelerntes Weihnachtslied im Gepäck, das er, zusammen mit dem Klassiker »Morgen Kinder wird's was geben«, von seiner Ankunft an bis zur Sekunde des Einschlafens inbrünstig darbietet. Bei den ersten Liedern waren wir noch ergriffen, dass unser Sohn solch süßes Liedgut beherrscht, und lauschten ihm mit Tränen in den Augen, wenn er uns nicht ganz textsicher die gelernten Lieder vortrug. Doch irgendwann sind wir übersättigt vom immer gleichen Thema, um das sich die Texte drehen. Stets derselbe alte Mann mit Bart, der den Kindern reichlich Gaben ins Haus bringt. Dieses Detail ist Gustav sehr wichtig, und er betont es mit lautem Gesang.

Dies alles wäre schon Grund genug, die Weihnachtszeit als Zeit der Nervenprüfung zu bezeichnen – von wegen Besinnlichkeit! Aber es gibt noch eine unberechenbare Größe, die hier wieder einmal ins Spiel kommt: die Großeltern. Begeistert davon, einen legitimen Grund zu haben, das Enkelkind nach allen Regeln der Kunst zu beschenken, werden wir permanent mit Fragen gelöchert, die im perfekten Weihnachtsgeschenk gipfeln sollen. Dabei sind wir selbst überfragt, was wir dem Kleinen schenken sollen. Das Kind hat schon alles, so meinen wir jedenfalls. Gustav besitzt ein Laufrad, eine Kiste Lego, eine Spielküche, einen überquellenden Kleiderschrank. Wenn die Frage nach einer sinnvollen Ergänzung der Gustav'schen Habseligkeiten auch nach mehrstündiger Beratschlagung zu keinem Ergebnis führt, braucht der Kleine vielleicht wirklich nichts. Das allerdings lassen die Großeltern nicht gelten und löchern weiter.

Das ist das harmlose Vorspiel. Nach vier Wochen höllischer Vorbereitung kommt er schließlich, der Tag X. Der Höhepunkt nach ewigem, erwartungsvollem Warten. Heiligabend ist ohne Zweifel der Gipfel des Weihnachtswahnsinns.

Eine Geschichte aus unserer Familie hat sich in mein Hirn gebrannt und wird für mich immer sinnbildlich für die Auswüchse des Weihnachtsfestes stehen. Als meine Nichte etwa drei Jahre alt war, stand sie als einziges Kind im Mittelpunkt unseres Weihnachtsabends. Sie wurde mit Geschenken und Gebäck überhäuft, durfte alles machen, was ihr sonst verboten war. Nach dem Öffnen des zehnten Geschenks stand sie langsam auf, ging auf den Weihnachtsbaum zu und erbrach sich mit einem beachtlichen Strahl mitten auf den festlich geschmückten Baum. Scheinbar hatte sie von allem genug. Damals schwor ich mir, meine Kinder nicht mit Konsum zu terrorisieren, sondern ihnen Weihnachten als schönes besinnliches Fest zu präsentieren.

Aber Vorsätze sind eben nur Vorsätze, und die Wirklichkeit hat damit oft nur wenig zu tun. Gustav wurde überhäuft mit einer Reihe von Geschenken, die zum Großteil auf unserer schwarzen Liste der bösen Spielzeuge stehen: Plastik, Blinklichter und lautes Sirenengeheul. Gustav ist begeistert. Leider aber nur so lange, wie er seine frisch erworbene Erkältung verdrängen kann. Gerade mal eine halbe Stunde nach der Bescherung streicht er die Segel und geht ins Bett. Seine Großeltern, bis dahin kaum mit den Kita-Viren in Berührung gekommen, folgen ihm nur wenige Stunden später.

Am ersten Weihnachtstag gleicht unsere Familie einer Gruppe von Zombies. Und damit tritt sie tatsächlich ein, die stille Zeit des Jahres. Während alle kranken Familienmitglieder Bettruhe halten, kehrt endlich Ruhe ein in unseren Haushalt. Ein besseres Geschenk hätten sie uns nicht machen können.

Doch die Ruhe währt nur kurz. An Silvester darf Gustav seine ersten Kinderkracher auf den Asphalt ballern und ist hin und weg. Damit ist er nicht alleine. In Berlin hat man beim Jahreswechsel das Gefühl, in einen Krieg geraten zu sein. Es kracht und bummt und flackert überall. Die Stadt steht in Flammen.

Gustav macht kein Auge zu, wir dementsprechend auch nicht. Die ganze krankheitsbedingte Erholung ist mit einer schlaflosen Nacht wieder dahin, das neue Jahr beginnt mit einem saftigen Schlafmangel und einem verstörten kleinen Jungen. Trotzdem sind wir uns einig: Nächstes Jahr werden wir es ganz genauso machen.

22

GUSTAV IST KRANK (ANNA)

Gustav ist krank. Und da Mittwoch ist, bin ich zu Hause. Hätten wir heute Dienstag, wäre Daniel zu Hause und ich in der Schule. Die Regel lautet: Montag, Mittwoch, Donnerstag und Freitag sind meine Tage. Montag und Donnerstag habe ich sowieso unterrichtsfrei, dienstags gehe ich morgens zur Arbeit, und Daniel bleibt bei Gustav, mittags tauschen wir, Kind gegen Job. Hätte ich mehr als eine halbe Stelle, stünden wir vor einem Problem. So fehle ich nur einen Tag in der Schule. Fällt ein Krankentag von Gustav auf einen meiner beiden freien Tage, fehlen mir dadurch sechs Stunden Vorbereitungs- und Korrekturzeit. Aber zumindest müssen dann nicht 150 Schüler anderweitig durch Kollegen betreut werden. Zwei unterrichtsfreie Tage sind ohnehin die absolute Ausnahme, selbst bei einer halben Stelle. Die Ausnahme dauerte bei mir genau ein Halbjahr.

Gustav hängt derweil jammernd auf meiner linken Hüfte und schmiert seine Rotznase an meinem Pullover ab. Ich versuche mit meiner freien Hand, ein Abendessen hinzubekommen. Grießbrei für Gustav, Nudeln für uns. Eigentlich nichts Kompliziertes – wenn man zwei Hände zur Verfügung hat. Mit einer Hand und einem Hampelmann auf der Hüfte wird das Ganze zu einer Herausforderung.

Eine Erkältung der übelsten Sorte hat Gustav erwischt.

Seine Nase ist dicht, und so, wie er sich verhält, hat er zudem einen dumpfen Kopf. Der arme kleine Mann. Nachts schläft er kaum, da seine Nase trotz Nasentropfen immer wieder verstopft. Deshalb schlafen auch wir kaum. Und wenn doch, dann in Schichten. Der Glücklichere von uns darf sich alleine im großen Ehebett ausstrecken und versuchen, ein wenig Schlaf zu finden. Ich suche meist vergeblich. Wenn es dann doch klappt, falle ich in einen komatösen Zustand, der nicht wirklich erholsam ist. Manchmal frage ich mich morgens, wieso ich eigentlich ins Bett gegangen bin, wenn ich müder bin als am Abend zuvor. Anscheinend macht auch schlechter Schlaf müde. Nicht nur schlechte Tage.

Der weniger Glückliche von uns kümmert sich um Gustav. Letzte Nacht hat Daniel einen ganzen Spielfilm geguckt, während Gustav im Sitzen auf seinem Arm schlief. Denn nur in der aufrechten Haltung ist seine Nase frei, und man kann überhaupt erst an Schlaf denken. Er und wenigstens einer von uns. Tagsüber sitzt Gustav häufig in der Trage bei einem von uns auf dem Rücken. Aber nachts um halb drei ziehen wir das Sitzen auf dem Sofa vor, wenn man schon nicht im kuschelig warmen Bett liegen kann.

Während ich mit einer Hand herumhantiere, erinnere ich mich an ein Kochbuch für Eltern, das ich vor einiger Zeit im Buchladen liegen sah. Darin gab es Rezepte, die man mit nur einer Hand kochen kann. Da hat endlich mal jemand mitgedacht, dachte ich damals. Jetzt denke ich, dass der Autor des Buches leider nicht auch die bewegungsfreudigen oder aus verschiedensten Gründen unwilligen Kinder berücksichtigt hat. So eines wie der kleine Zappelphilipp auf meiner Hüfte, der gerade versucht, mir das Messer aus der Hand zu nehmen. Weil er erfolglos bleibt, wuselt er mir im Gesicht herum, zuppelt an meinen Haaren und dreht an meinem Ohr, bis es rot ist.

Ich will doch nur schnell den Brei für Gustav anrühren – und scheitere schon daran, mit einer Hand die Packung zu öffnen. Ich setze Gustav kurz auf den Boden, ignoriere seinen Aufstand und schneide die Packung mit beiden Händen auf. Geschafft. Ich nehme Gustav wieder hoch und lasse es mit den Nudeln für Daniel und mich einfach sein. Gibt es halt Brot, so wie fast jeden Abend.

Ich füttere Gustav, der schon kaum mehr die Augen aufhalten kann. Eine halbe Stunde später kommt Daniel von der Arbeit. Auch seine Lider hängen tief. Ein Wunder, dass er nicht bei der Arbeit einschläft, nach all den Horrornächten. Ich spüle Gustavs Nase mit Kochsalzlösung und mache ihn bettfertig. Total erschöpft schläft er noch auf meinem Arm ein, und ich lege ihn in sein Bettchen, darauf wartend, dass er wieder aufwacht. So leicht lässt er sich üblicherweise nicht vom Arm ins Bett umlegen. Heute schläft er weiter. Ich bin erleichtert.

Im Wohnzimmer finde ich Daniel total entkräftet auf der Couch, er hat noch nicht einmal das Licht angemacht. Ich schmiere uns schnell ein paar Brote, schenke zwei Gläser Wein ein und setze mich zu ihm. Während wir unsere Butterstullen kauen, reden wir drei Sätze. Um 21:03 Uhr geht Daniel ins Bett, ich folge ihm 15 Minuten später. Heute Nacht wird Daniel der Glücklichere von uns beiden sein.

23

ICH WILL NICHT IN DIE KITA! (DANIEL)

»Nicht in die Kita«, flüstert Gustav mir schon beim Aufwachen ins Ohr. »Heute nicht. Ich will lieber hierbleiben.« Manchmal bin ich erstaunt, wie gut er sich schon mitteilen kann bei den Sachen, die ihm wichtig sind. Da wirkt er plötzlich älter als der Zweieinhalbjährige, der er mittlerweile ist.

Ich kenne nur sehr wenige, die mir glaubhaft versichern können, dass sie wirklich an jedem einzelnen Tag gerne zur Arbeit gehen. Ich selbst habe zwar großes Glück und übe einen Beruf aus, der mir sehr großen Spaß macht. Aber letztendlich ist es ein Bürojob wie viele andere, und manchmal sitze ich zehn Stunden oder mehr vor einem Bildschirm und hacke Wörter in mein Mailprogramm. Darauf habe ich auch nicht immer Lust. Vor allem wenn ich stattdessen mit meinen Liebsten zu Hause schöne Sachen machen könnte. Aber ich sehe keinen Ausweg. Ich muss da jeden Tag hin, auch wenn es manchmal schwerfällt.

Gustav geht es ähnlich. Generell geht er gern in die Kita, wo er seine Kumpels trifft, einen riesigen Garten hat und mit seinem rosa Dreirad so viel rumfahren darf, wie er will. Doch manchmal hat er einfach keinen Bock, morgens pünktlich im Morgenkreis zu sitzen. An solchen Tagen kann ich mich auf einen langen, unangenehmen Weg zur Kita einstellen.

Meist merke ich schon beim Aufstehen, wie es um Gustavs Kita-Lust bestellt ist. Wenn er gut gelaunt und in Ruhe sein Müsli isst, geht alles glatt, und er freut sich auf seine Kumpels und das Toben im Garten. Ist seine Miene jedoch schon am Frühstückstisch finster und seine Tonlage deutlich höher als sonst, steht uns eine lange Qual bevor. Leider auf beiden Seiten.

Als Gustav an diesem Morgen die Küche betritt und mir nicht einmal sein schlechtgelauntes Gesicht zeigt, ist mir sofort klar, woher der Wind weht. Keine Lust auf gar nichts. Mir geht es leider nicht anders, es ist Montag und ich habe eine arbeitsreiche Woche vor mir. Zu allem Überfluss steht heute ein wichtiger Präsentationstermin, das macht kaum Lust auf den Tag.

Gustav hat sich scheinbar vorgenommen, sich solidarisch zu zeigen. Er sagt kein Wort, sondern deutet nur auf die Müslitüte. Wie immer schütte ich ihm eine ordentliche Portion in seine Schüssel. Leider sind alle großen Schüsseln in der Spülmaschine, so dass ich eine kleine nehme. Mit diesem Fehler nimmt ein sagenhaft dramatischer Montagmorgen seinen Lauf.

Er brüllt hysterisch: »Ich will aber eine groooße Schüüüssel haben.« Anna kommt in die Küche gestürmt. Gustavs Artikulation hat unter seiner Enttäuschung und Wut so gelitten, dass sie wohl glaubt, ich hätte ihn auf die heiße Herdplatte gesetzt oder einen Finger geklemmt. So zumindest deute ich ihr entsetztes Gesicht. Umso überraschter ist sie, dass ihr kleiner Sohn unversehrt in der Mitte des Raumes steht und mit weit aufgerissenen Augen auf seine volle Schüssel deutet.

»Was ist denn hier los?«, will sie wissen.

»Ich habe ihm eine kleine Schüssel gegeben, er will aber eine große. Kleine sind für Babys, sagt er. Und er ist ja kein Baby mehr«, erkläre ich schon leicht genervt.

Gustav lässt nicht locker und bringt mich dazu, eine große Schüssel abzuwaschen und das Müsli umzufüllen. Nachdem er aufgegessen hat und seine Tränen getrocknet sind, verzieht er sich in sein Zimmer. Da es schon spät ist, warne ich ihn vor, dass ich ihn in fünf Minuten holen werde, um ihn anzuziehen.

Normalerweise reagiert er nicht auf solch belanglose Hinweise. Doch heute nimmt er meine Ankündigung als Aufforderung zum Kampf. Wütend brüllt er mich an: »Will nicht in die Kita! Nein, nein, nein.«

Eine klare Haltung, der ich argumentativ nicht viel entgegenzusetzen habe. Ich beschließe, ihn erst einmal zur Ruhe kommen zu lassen, und verschiebe das Thema für ein paar Minuten. Bloß keine Eskalation riskieren.

In der Zwischenzeit mache ich mich selbst startklar, auch um Gustav zu signalisieren, dass ich es ernst meine. Ihn scheint das aber nicht die Bohne zu interessieren. In einer erstaunlichen Lautstärke spielt er weiterhin in seinem Zimmer mit seinen Legosteinen, als wolle er mir demonstrativ klarmachen, dass er gerade »ganz toll« spielt und ihn nichts und niemand dazu bewegen kann, das zu unterbrechen.

»So, jetzt komm, ich ziehe dir deine Sachen an«, sage ich in möglichst kollegialem Ton. Wie von der Tarantel gestochen, fährt Gustav herum und brüllt mir ins Gesicht: »Will nicht in die Kita! Geh weg!«

Für einen kurzen Moment ziehe ich tatsächlich in Erwägung, im Büro anzurufen und zu sagen: »Es tut mir leid, aber ich kann heute nicht kommen. Mein Sohn mag nicht in die Kita gehen, daher bleibe ich auch zu Hause.«

Ich entscheide mich für den harten Weg: Ich zerre Gustav aus seinem Zimmer, auf seinen Stuhl im Gang, auf dem wir ihm immer seine Sachen für draußen anziehen. Er brüllt und weint und beginnt, auf mich einzuhämmern. Wild entschlossen lasse ich alles über mich ergehen und ziehe ihm stoisch Hose, Schuhe und Jacke an. Das Brüllen weicht zunehmend einem Wimmern, was meinen Grad an Genervtheit nicht unbedingt senkt. Vor allem wächst mein schlechtes Gewissen, meinen Sohn gegen seinen Willen aus seinem Zuhause zu reißen.

Dann begehe ich den nächsten Fehler. Ich stelle ihn vor die Wahl, mit dem Fahrrad oder mit dem Auto zu fahren. Eine wilde Abfolge plötzlicher Umentscheidungen ist das Resultat.

»Mit Fahrrad! Nein, mit Auto!«, schreit er sichtlich verzweifelt und zunehmend überfordert. Beim Auto angelangt, ist ihm die Lust darauf wieder vergangen. Er zeigt auf mein Fahrrad und will nun unbedingt damit in die Kita befördert werden. Kein Problem, wenn es sonst nichts ist, Hauptsache, es geht endlich los. Ich setze ihn in seinen Sitz und schnalle ihn an.

»Klick«, sagt er noch, als der Gurt ins Schloss schnappt, doch sogleich verfinstert sich schon wieder seine Miene.

»Kein Helm!«, ruft er. Mir ist es ehrlich gesagt egal, und ich bin kurz davor, ihm eine Ausnahme ohne Helm zu gestatten. Doch dann denke ich an Anna, sie wird mir den Hals umdrehen, wenn sie erfährt, dass ich Gustav ohne Helm auf dem Fahrrad transportiert habe.

Normalerweise besteht Gustav auf seinem Helm. Immer. Wie fast alle Dinge muss auch das Fahrradfahren stets nach dem exakt gleichen Muster ablaufen. Die leichteste Abweichung hat einen vehementen Protest zur Folge und kann mit einer gänzlichen Verweigerung enden. Eine Kollegin sagte mal zu mir, Kinder seien wie Beamte. »Jegliche Abweichung von der Norm wird nicht geduldet.« Damals guckte ich verständnislos. Heute würde ich das jederzeit unterschreiben.

Mittlerweile sitzen wir immerhin beide auf dem Rad. Gustav hinten mit Helm. Ich vorne ohne. Gustav haut wie wild um sich, und das ganze Rad schwankt beängstigend von links nach rechts. Ich sehe unsere Nachbarin aus dem Fenster gucken. Ja, ja, ich weiß; heute Morgen sind wir die Attraktion der Straße. Ich kann mir gut vorstellen, dass sich andere Passanten bei unserem Anblick fragen, ob sie Zeuge einer Entführung sind oder einfach nur einen verzweifelten Vater mit seinem schlechtgelaunten Sohn beobachten.

Gustav schreit weiter wie am Spieß und lässt sich auch durch meine kläglichen Bestechungsversuche nicht beruhigen. Nicht einmal die Wunderwaffe »Rosinenbrötchen« wirkt, mit der ich sonst jeden Aufstand niederringe. Es bleibt mir also nichts anderes übrig, als mit einem schreienden Kind auf dem Fahrradsitz in die Kita zu fahren. Dort angekommen, hat er sich noch immer nicht beruhigt. Wie ein Roboter führe ich meine Handgriffe aus, schnalle ihn von seinem Sitz, nehme ihm den Helm ab und gehe mit ihm zum Tor, das in den Kindergarten führt. Nachdem ich das Tor schon geöffnet habe, klammert er sich an den Türgriff. Für seine Körpergröße hat Gustav eine erstaunliche Kraft, und es kostet mich einige Mühe, seine Finger zu lösen. Die Mutter eines anderen Kindes steht direkt hinter uns.

»Er hat heute wohl nicht so große Lust, was?«, fragt sie eigentlich ganz freundlich. In meiner genervten Verfassung unterstelle ich ihr jedoch Besserwisserei und würde ihr am liebsten mein Kind in die Hände drücken und verschwinden.

Auch in der Garderobe bessert sich die Laune nicht. Meine nicht und Gustavs schon lange nicht. Er weigert sich beharrlich, seine Hausschuhe anzuziehen, und seinen für den Gruppenraum viel zu warmen Pullover möchte er unter allen Umständen anbehalten.

»Neiiin, nicht ausziehen.«

An dieser Front gebe ich auf. Meine Nerven sind für heute aufgebraucht. Also überlasse ich ihn seinem Schicksal beziehungsweise seinen Erziehern. Die nehmen ihn in den Arm und versuchen, ihn zu trösten und in das Spiel der anderen Kinder zu integrieren.

Er macht ihnen jedoch durch wildes Geschrei unmissverständlich klar, dass er lieber wieder mit mir mitgehen möchte, nach Hause, fort von hier. Ich verabschiede mich von ihm, gebe ihm einen Kuss auf die Wange und gehe hinaus. Er schreit mir nach, Tränen rinnen über sein Gesicht.

Auf meinem Weg zum Fahrrad versuche ich, so wenig wie möglich darüber nachzudenken, ob ich meinem Sohn mit meinem unnachgiebigen Verhalten nun einen dauerhaften psychischen Schaden zugefügt habe. Ich bin nicht nah am Wasser gebaut, könnte in dieser Situation jedoch ohne weiteres losheulen. In solchen Momenten werde ich schnell grundsätzlich: Was tun wir dem Kleinen eigentlich an? Ist er vielleicht doch noch zu jung für die Kita? Auch jetzt noch, nach einigen erfolgreichen Monaten? Sollten wir unser Lebensmodell doch noch einmal überdenken? Bin ich ein schlechter Vater, weil ich ihn in diese Erziehungsanstalt zwinge?

All diese Fragen kann ich mir nicht beantworten und möchte es in diesem Moment auch nicht. Zu oft haben wir sie zu Hause durchgekaut und sind zu dem Ergebnis gekommen, dass unser Weg der einzig gangbare für uns ist. Ohne Zweifel sind wir dennoch nicht. Vor allem nicht an Tagen wie diesen.

Ein paar Wochen später begegnen wir einem Nachbarn mit seiner Tochter, die etwa ein Jahr älter ist als Gustav. Sie schreit wie am Spieß und beschimpft ihren Vater mit Audsdrücken, die ich nur zu gut kenne. Der Nachbar macht gute Miene zum bösen Spiel und sagt: »Diese Woche Geschrei, weil sie nicht in die Kita will. Nächste Woche Geschrei, weil sie aus der Kita nicht wieder wegwill.«

Irgendwie ist es erleichternd, dass auch andere Kinder manchmal nicht in die Kita wollen und auch andere Väter sie zu ihrem Glück zwingen müssen. Aber trotzdem beschließe ich, das nächste Mal, wenn Gustav wirklich so gar nicht in die Kita will, tatsächlich im Büro anzurufen: »Ich komme heute nicht. Mein Sohn und ich haben keine Lust.« Darauf freue ich mich schon jetzt.

24

KANNST DU DICH NOCH BEWEGEN? (DANIEL)

Einem Freund habe ich einmal erzählt, wie mein Leben mit Kind und Kita so aussieht. Meine Erzählungen von problematischen Kita-Bringdiensten und schlaflosen Nächten wegen Gustavs Alpträumen oder Krankheiten ließen ihn ein mitleidiges Gesicht aufsetzen. Er sah mich an und fragte, um wie viel Uhr ich denn abends ins Bett gehen würde, um dieses Pensum durchzuhalten.

Die Frage war schwer zu beantworten, weil ich meist nicht festlegen kann, wann meine Nacht beginnt. Manchmal fängt sie nämlich bereits um 20:30 Uhr auf der Couch an. Kaum sitze ich nach dem Zubettbringen von Gustav auf dem Sofa und nehme ein Buch in die Hand, fallen automatisch meine Augenlider zu. An anderen Abenden kann ich mich noch dazu motivieren, etwas zu lesen oder einen Film anzusehen. Meistens schlafe ich aber relativ schnell dabei ein.

Ein fußballbegeisterter Mann ohne Kinder wird nie verstehen, wie man ohne Probleme bereits in der ersten Halbzeit eines Champions-League-Finales wegnicken und erst wieder zur Nachberichterstattung aufwachen kann.

Ich hingegen bin während jenem besagten Spiel des Jahres, ach was, des Jahrtausends, tatsächlich mittendrin im Sitzen auf der Couch eingeschlafen, die Chipstüte in der Hand. Natürlich konnte ich das niemandem erzählen. Am nächsten Tag sprach jeder in meinem Umfeld über das Spiel, die überragenden Einzelleistungen der Spieler und die grandiosen Tore. Nicht einmal Anna beichtete ich, dass ich die spannendsten Momente des Spiels nicht gesehen hatte, weil ich schlicht und ergreifend geschlafen habe. Ein gewisses Maß an Männlichkeit muss man sich in seiner Beziehung bewahren, finde ich. Auch in Zeiten wie diesen.

Am Abend sitzen Anna und ich auf unserem geliebten Möbelstück im Wohnzimmer, beide vollkommen platt nach unserem verrichteten Tagewerk.

»Kannst du mir bitte ein Glas Wasser holen? Ich kann nicht mehr aufstehen!«, sagt sie. Und ich bleibe einfach sitzen. Ich versuche es ja wirklich, aber mein Körper bewegt sich keinen Millimeter. Nicht einmal antworten kann ich ihr. Kein einziges Wort kommt aus meinem Mund. Meine Augen habe ich bereits seit längerem nicht mehr geöffnet.

Da ich nicht reagiere, versucht Anna, selbst aufzustehen. Ohne Erfolg. Am nächsten Tag sagt sie mir, dass sie beinahe verdurstet wäre und ich eine nicht geringe Teilschuld an dieser Todesursache gehabt hätte.

Ich antworte ihr, dass ihr im Gegenzug entgangen wäre, wenn mich der Tod durch Erschöpfung ereilt hätte. Sie habe ja nicht einmal bemerkt, dass ich bereits eingeschlafen war. Letzteres glaubt sie mir nicht.

»Du guckst doch auch gerne mal Fußballspiele bis spät in die Nacht. Inklusive Nachberichterstattung! Wenn das geht, kannst du mir in Notsituationen wie gestern auch zur Seite stehen!«

Wo sie recht hat, hat sie recht. Da kann ich ihr nicht widersprechen.

25

KANN DENN DEIN MANN NICHT ZUM ARZT GEHEN? (ANNA)

Seit Gustav Hand-Mund-Fuß hatte, ist auf dem Sofa ja nun auch noch ein Schokoladeneisfleck, weil meine beiden Männer sehr gerne Schokoladeneis mögen. »Mama, ich möchte das so gerne haben. Ich mag das ganz gerne«, so versucht Gustav mich zu überreden, doch mal wieder etwas Süßes oder auch ein Buch zu kaufen. Er legt den Kopf schief und guckt mich von unten mit so einem ganz intensiven Blick an, dass ich fast gar nicht anders kann, als seinem Wunsch nachzugeben. Bei Daniel wirkt der Blick immer, vor allem wenn unser Sohn bestimmt eine Woche krank zu Hause bleiben muss. Das weiß ich und das weiß auch Gustav.

Das fragile, akribisch geplante System, bestehend aus zwei Eltern, einem Kind, zwei Jobs und der Fremdbetreuung des Kindes durch die Kita, funktioniert immer so lange gut, bis einer erkrankt. Dann stürzt das Konstrukt vollständig in sich zusammen wie ein Kartenhaus.

Gerade in den Herbst- und Wintermonaten sind in der Kita viele unterschiedliche Bakterien und Viren unterwegs und setzen die Kinder reihenweise außer Gefecht. Alle paar Wochen ist auch Gustav betroffen. Bei uns klingelt dann das Telefon, erst das Festnetz zu Hause, anschließend das Handy und als Letztes im Büro der Schulsekretärin. Die Hiobsbotschaft lautet immer: »Dem Gustav geht es leider nicht so gut, bitte holen Sie ihn ab.« Einmal hatte er in einem solchen Fall nach dem Mittagessen auf den Tisch gebrochen. Die Kinder freuten sich, weil etwas los war, während die Erzieher weniger begeistert den Tisch säuberten. Meistens werden wir aber angerufen, weil Gustav aus dem Mittagsschlaf mit Fieber aufgewacht ist. So auch heute.

Ja sicher, er hatte bereits gestern Abend eine triefende Nase und leichten Husten, Fieber jedoch nicht, auch heute Morgen nicht, deshalb haben wir ihn ganz normal in die Kita gebracht. Wir können ihn ja nicht schon beim kleinsten Schnupfen zu Hause lassen, denn das bedeutet, dass auch einer von uns zu Hause bleiben muss und bei der Arbeit fehlt. Meist bin ich das. Auch dieses Mal muss ich den Anruf tätigen: »Mein Kind ist krank, ich kann heute nicht kommen.«

Mal wieder, denke ich, sage es aber nicht. Mir graut davor. Am liebsten würde ich gar nicht zum Telefon greifen, sondern mich einfach verkriechen. Die Bettdecke über den Kopf ziehen und mit Gustav kuscheln. Geht aber nicht. Fast jedes Mal muss ich mir anhören: »Kann denn dein Mann nicht zum Arzt gehen?«

Für Kolleginnen und Kollegen habe ich vollstes Verständnis, wenn sie in der Schule fehlen, weil ihr Kind krank ist. Aber für mich? Obwohl Gustavs Krankheit nicht meine Schuld ist und ich jedes Recht der Welt habe, bei ihm zu Hause zu bleiben, quält mich ein schlechtes Gewissen. Gegenüber der Schulleitung, meinen Kollegen, meinen Schülern, den Eltern meiner Schüler, die mein Fehlen kompensieren und umplanen müssen. Wobei es meine Schüler sicherlich am wenigsten stört, vor allem wenn der Unterricht in der 7. Stunde ausfällt.

Auf der anderen Seite habe ich ein schlechtes Gewissen meinem kleinen kranken Sohn gegenüber. Ich möchte so gerne für ihn da sein, ihm Zeit widmen und ihn gesund pflegen. Aber was mache ich? Häufig bin ich nur halb anwesend, weil ich noch schnell Arbeitsaufträge oder sogar Arbeitsblätter erstelle und sie an das Sekretariat meiner Schule schicke, damit meine Kollegen wissen, was sie im Vertretungsunterricht mit meinen Schülern machen sollen.

Dann denke ich manchmal: Wäre es nicht einfacher, wenn Daniel zu Hause bliebe? Klar, dann wären es seine Projekte, die liegenblieben beziehungsweise von Kollegen übernommen werden müssten. Aber mit seinem Smartphone könnte er von zu Hause aus wenigstens ein bisschen arbeiten, Telefonate führen, Absprachen mit Kollegen treffen, zumindest in der Zeit, während Gustav schläft. Und wenn der kleine Mann krank ist, schläft er viel.

Hat mein Fehlen bei der Arbeit nicht sogar größere Auswirkungen als Daniels? Beispielsweise gebe ich dienstags immer sechs Unterrichtsstunden hintereinander, davon eine Doppelstunde. Wenn ich fehle, warten also fünf Klassen, insgesamt 150 Schülerinnen und Schüler auf mich. Dazu kommen die Kolleginnen und Kollegen, manchmal noch ein Elternteil, das Gespräche führen, Absprachen treffen will.

Letztes Schulhalbjahr war Gustav drei Mal an einem Dienstag krank. Immerhin konnte ich Daniel dazu überreden, die Vormittagsschicht zu übernehmen. Um 14:30 Uhr habe ich ihn abgelöst und die Nachmittagsschicht bei Gustav angetreten. Aber von Mittwoch bis Freitag war ich komplett dran.

Montag und Donnerstag sind meine freien Tage. Wobei frei nur bedeutet, dass ich nicht in die Schule muss, außer wir haben genau an diesem Tag eine wichtige Konferenz. Während des vergangenen Schuljahres habe ich jeden Montag und Donnerstag am Schreibtisch gesessen, korrigiert, Tests und Klausuren konzipiert, Unterricht vorbereitet, Noten erstellt. Wenn diese Tage als Arbeitstage wegfallen, muss ich die verlorene Zeit abends und am Wochenende nachholen. Liegt Gustav abends endlich schlafend im Bett, bin ich meist allerdings total fertig, so dass an konzentriertes Arbeiten nicht mehr zu denken ist. Einen kleinen Test kann ich dann noch korrigieren, mehr jedoch nicht.

Aber ich möchte auch nicht jedes Wochenende am Schreibtisch verbringen. Ich brauche einen Tag in der Woche, an dem ich nicht an Schule denken muss, sondern nur privat sein kann. Außerdem verbringe ich die Wochenenden gerne mit Daniel und Gustav gemeinsam, möchte Ausflüge machen, Freunde besuchen oder einfach nur entspannen. Unter der Woche ist dazu kaum Zeit. Sie ist geprägt von Arbeit, Organisieren, Haushalt und der Betreuung von Gustav. Wenn er und Daniel sonntags in der Sonne im Park spielen, während ich zu Hause am Schreibtisch sitze, könnte ich platzen. Vor lauter Frust, dass ich arbeiten muss, aus Neid, weil die beiden im Park sind und ich nicht, vor schlechtem Gewissen, da ich durch meinen Ärger und Neid nicht so viel schaffe, wie ich will. Und ich bin sauer auf Daniel, weil mal wieder ich diejenige von uns beiden ist, die unser krankes Kind betreut hat und nicht zur Arbeit konnte. Sauer, weil für ihn die Arbeitswoche normal lief. Und vor allem und schlussendlich sauer, weil es in unserer Gesellschaft immer noch normal ist – und häufig vorausgesetzt wird –, dass wir Mütter zu Hause bleiben und nicht die angeblich so gleichberechtigten Väter.

Auch wenn ich nur halbtags arbeite, heißt das nicht, dass mein Fehlen am Arbeitsplatz weniger ausmacht, mir und den anderen. Im letzten Schulhalbjahr bedeutete ein Krankentag ja zugleich, dass ich in dieser Woche nur an zwei Tagen in der Schule war. Das ist verdammt wenig, um Kontinuität in meinen Schulalltag zu bringen, ansprechbar für Schüler und Kollegen zu sein, ein Zugehörigkeitsgefühl zu entwickeln.

Und so kam es, dass ich mich häufig tatsächlich nicht als gleichwertiges Mitglied des Kollegiums fühlte und auch nicht als vollwertigen Teil der arbeitenden Gesellschaft. Ich habe ein gut abgeschlossenes Hochschulstudium, war zwei Semester im Ausland, absolvierte mein Referendariat mit »gut«, in Teilen sogar »sehr gut« und arbeite sehr gerne in meinem Beruf. Er macht mir Spaß.

Dann habe ich ein Kind bekommen und ein Jahr Teilzeit gearbeitet. Auch die nächsten Jahre werde ich in Teilzeit arbeiten, keine Funktionsstellen übernehmen können und auch keine außerordentlichen Aufgaben in der Schule. Arbeitsgemeinschaften, außerunterrichtliche Aktivitäten, mehrtägige Klassenfahrten, Ausflüge, Konferenzen, Elternabende, Theateraufführungen sind Nebenveranstaltungen, die mein Organisationsgeschick herausfordern, mich häufig an meine Grenzen bringen, die manchmal nerven, aber bitter nötig sind, um die so rar gesäten Motivationsschübe des Lehrerdaseins zu bekommen und in der täglichen Mühle glücklich zu bleiben.

Vielen meiner Freundinnen und Bekannten ergeht es noch schlechter als mir. Für sie bedeuten Kinder den Abschied von Karriere, Reisen aus beruflichen Gründen, interessanten Projekten und damit der Erfüllung ihrer beruflichen Erwartungen und Träume. Wieso müssen wir Frauen uns auch heute noch zwischen Kindern und unserem Beruf entscheiden? Genau wie Männer wollen wir beides, Kinder und Arbeit. Und in den meisten Familien geht es darüber hinaus schon gar nicht mehr nur um das Wollen. Wir Frauen müssen arbeiten, damit das Familieneinkommen ausreicht, um eine mehrköpfige Familie über die Runden zu bringen. Viele Chefs lehnen Teilzeitfrauen jedoch ab und setzen uns lieber Männer oder kinderlose Frauen vor die Nase, als unsere anstehende Beförderung abzusegnen. Und in vielen Branchen wird eine Teilzeitstelle erst gar nicht eingerichtet. Vollzeit oder tschüs.

Und unsere Männer, die Väter unserer Kinder? Sie absolvieren ihre obligatorischen zwei Vätermonate und arbeiten dann weiter wie zuvor. Nur dass der Feierabend erst nach dem Zubettbringen des Nachwuchses anfängt und nicht schon beim Verlassen des Büros. Klar, in einigen Fällen gelten sie bei ihren Chefs und unter Kollegen als Weicheier, die sich zumindest für einen kleinen Zeitraum lieber um ihre Kinder kümmern, als die Karriereleiter möglichst schnell zu erklimmen, und die abseits von Akten und Meetings tatsächlich einen Sinn finden. Freude empfinden. Immerhin haben die Vätermonate trotzdem die Chance, fester Bestandteil in den Lebensläufen deutscher Väter zu werden. Was andererseits bedeutet, dass die restlichen zwölf Monate für uns Frauen reserviert bleiben. Und die Zeit darüber hinaus sowieso. Wieso können Männer nicht ebenfalls Teilzeit arbeiten? In einer gerechten Welt würden wahrscheinlich auch viele Frauen Vollzeit arbeiten, während die Männer mehr Zeit mit der Familienarbeit verbringen müssten – oder vielleicht sogar wollten.

Leistung wird heutzutage leider noch immer mit Zeitaufwand gleichgesetzt. Diejenigen, die lange im Büro bleiben, leisten mehr – denken viele. Auch deshalb sind wir Halbtagskräfte so ungern gesehen. Wenn die Kollegin im Nachbarbüro jeden Nachmittag um 16 Uhr den Stift aus der Hand legt und als Erste das Büro verlässt, kann man schon an den Blicken der Kollegen erkennen, was sich in deren Köpfen abspielt. Niemand nimmt an, dass die Kollegin vielleicht einfach nur unglaublich effizient arbeitet und in gleicher Zeit mehr schafft als andere, die sich stundenlang mit der Frage beschäftigten, ob sie als Hintergrundfarbe ihrer PowerPoint-Präsentation besser Blau oder Hellblau wählen sollen.

Wieso muss man denn jeden Tag von 8 – 17 Uhr im Büro anwesend sein? Was soll dieser Präsenzwahn? Warum gibt es nicht immer mehr mobile Lösungen? Gerade in großen Firmen kann man doch in der Regel auch von außerhalb auf die E-Mails und andere Daten zugreifen. An Tagen ohne Besprechungen könnte man genauso gut zu Hause arbeiten. Flexibel in der Zeiteinteilung. Und die Fahrtzeit würde man sich auch noch sparen. Mehr Zeit für den Job, für sich oder für die Familie, mehr persönliche Freiheit. Alle profitieren, keiner leidet.

Man könnte sich dafür entscheiden, sein Kind einfach mal früher aus der Kita abzuholen, nicht weil man muss, sondern einfach weil man das tolle Wetter genießen will. Zwar muss man dann am Abend noch an den Schreibtisch, aber dafür hatte man seine Freizeit ja bereits – und das Kind schläft. Flexible Arbeitszeiten wären ein Geschenk für alle Arbeitnehmer, nicht nur die mit Familie.

Auch heute bleibe mal wieder ich zu Hause. Wenn das so weitergeht, sind die zehn Tage pro Jahr schnell verbraucht, an denen mir Krankengeld zusteht, wenn ich aufgrund der

Betreuung meines kranken Kindes der Arbeit fernbleiben muss. Bereits im März wäre keiner mehr übrig. So praktisch diese Regelung mit den Krankentagen auch ist – ich hoffe immer inständig, sie nicht in Anspruch nehmen zu müssen. Sowohl für die Krankenkasse als auch für meinen Arbeitgeber benötige ich dann einen Krankenschein vom Kinderarzt, der zum einen bescheinigt, dass Gustav wirklich krank ist, und auf dessen Rückseite ich zum anderen unterschreiben muss, dass das Kind nicht durch eine andere Person betreut werden konnte.

Diesen Wisch muss ich jetzt also auch noch besorgen, selbst wenn Gustav nur einen ordentlichen Schnupfen mit Fieber hat und nach zwei Tagen wieder fit ist. So mache ich mich mit meinem kranken Kind auf zum Kinderarzt. Bei ansteckenden Krankheiten benötigt man obendrein sogar eine Gesundschreibung für die Kita und geht den Weg ein zweites Mal.

Nachdem Gustav also soeben die Hand-Mund-Fuß-Krankheit auskuriert hat, sitzen wir nun wieder beim Arzt im Wartezimmer. Prinzipiell ist diese Vorschrift ja sinnvoll. Ansonsten würden wahrscheinlich ständig Kinder in der Kita herumlaufen, die zwar wieder fit sind, aber immer noch ansteckende Keime mit sich herumtragen, und das Ganze ginge von vorne los. Andererseits fürchte ich jedes Mal die anderen Keimschleudern im Wartezimmer beim Kinderarzt und hoffe inständig, dass unser soeben genesener Sohn vom Arztbesuch nicht gleich die nächste Krankheit mit nach Hause schleppt.

Deshalb verbringe ich die Wartezeit in der Regel draußen. Wir gucken dann dem Bagger, dem Kran, den Müllmännern zu. Baustellen und Müllfahrzeuge gibt es in der Stadt genügend. Gott sei Dank. Schon einige Mal haben sie mir sehr geholfen.

Die Wartezeit vor der Baustelle, die Gustav mit großen Augen und offenem Mund verbringt, gibt mir die Möglichkeit, meine Gedanken wandern zu lassen. Ich friere und wünsche mich mit einem heißen Kaffee auf die Couch, in den Händen ein gutes Buch, ohne dass der kleine Mann eines von seinen anschleppt, das ich ihm zum abertausendsten Mal vorlesen soll. Und ein Schokoladeneis wäre schön. Cremig und mit richtigen Schokostückchen.

26

KANN DENN DEINE FRAU NICHT ZUM ARZT GEHEN? (DANIEL)

An Morgen wie diesen muss man sich eingestehen, dass man doch nicht immer alles unter einen Hut bekommt und dann und wann auch mal Abstriche machen muss. Wenn alles seinen normalen Gang geht, keiner krank und kein außerordentlicher Termin ins Haus steht, scheint der Alltag kein großes Problem zu sein. Die Balance zwischen Arbeit und Familienleben kann sogar sehr viel Kraft geben. Manchmal ist aber auch genau das Gegenteil der Fall. Nämlich dann, wenn ein Rädchen im System ausfällt und das Gleichgewicht kippt.

Gestern Abend sind gleich zwei dieser Rädchen auf einmal ausgefallen. Anna war bereits krank, und Gustav hat sich ihrem Zustand solidarisch angeschlossen. Zu Hause ist demnach die Stimmung alles andere als gut. Leider ist es nämlich so, dass Anna beim kleinsten Anflug von Schnupfen sämtliche Register weiblicher Dramatik zieht, die der Situation selten angebracht sind. Es wird gelitten, geschnupft, die Viren verflucht. Normalerweise wird uns Männern nachgesagt, wir wären über die Maßen wehleidig. Bei uns ist das anders. Meiner Ansicht nach leidet meine Frau beim kleinsten Wehwehchen etwas zu übertrieben, während sich der Mann, also ich, sich selten anmerken lässt, wenn er sich mal nicht so wohl fühlt. Zugegebenermaßen ist dieses Bild recht subjektiv, und Anna wird da eine ganz eigene Sicht der Dinge haben, aber so ist das nun mal bei uns.

Gustav schlägt in dieser Hinsicht nach seiner Mutter. Beim Auftreten kleinster Erkältungsanzeichen legt er sich auf die Couch und leidet ostentativ. Mittlerweile weiß er auch genau, wie er sich benehmen muss, um ein Höchstmaß an Bemutterung zu erhalten. Seine Kulleraugen werden noch größer und noch runder, seine Stimme senkt sich, er spricht so leise, dass man ihn kaum hört. Damit kriegt er alles durch. Ausnahmsweise werden Gummibärchen gekauft, und natürlich darf er in Mamas und Papas Bett schlafen.

Normalerweise ist das kein Problem für mich. Aber heute Abend bin ich auf das Event des Jahres eingeladen und freue mich seit Wochen darauf, mal wieder auszugehen. Wer auf diese Party gehen darf, gehört zu den coolen Jungs. Und damit meine ich nicht die Jungs vom Pausenhof. Nur die allercoolsten Jungs der Stadt werden zur Filmpremiere vom neuen James Bond eingeladen. ICH gehöre dazu – und kann nicht gehen.

Gustav hat Krupp-Husten, Anna Grippe. Beide brauchen mich. Per Liveübertragung im Fernsehen verfolge ich von der heimischen Couch aus das Treiben auf dem roten Teppich, was meine Laune immer tiefer sinken lässt. Wenn schon alle um mich herum leiden und sich im Selbstmitleid suhlen, schließe ich mich gerne an. Anstatt also mit den anderen coolen Jungs zu feiern, mache ich zu Hause Wadenwickel und warme Milch mit Honig.

Am Morgen nach der verpassten Party des Jahres bin ich entsprechend mies drauf und im Büro kein besonders angenehmer Zeitgenosse.

»Und wie war's gestern? Der Film muss ja der Hammer sein«, begrüßt mich meine unwissende Kollegin voller Neid.

»Ach, ich war dann doch nicht da, konnte nicht«, antworte ich schulterzuckend. Mir ist nicht nach großer Konversation.

»WAS bitte kann einem dazwischenkommen, dass man DA nicht hingeht?« Ihre Stimme überschlägt sich fast.

»Zwei kranke Menschen. Beide liegen immer noch zu Hause und sind sauer, dass ich heute zur Arbeit gegangen bin. Und später muss ich den Kleinen noch zum Arzt bringen«, erkläre ich und versuche erst gar nicht, meine Genervtheit zu verbergen.

Meine kinderlose Kollegin verdreht die Augen und sagt den Satz, den ich so hasse: »Kann denn deine Frau nicht mit ihm zum Arzt gehen?«

Eine Lektion habe ich auf jeden Fall gelernt: Nie wieder werde ich im Vorhinein von einer Veranstaltung schwärmen und versuchen, alle um mich herum, die selbst nicht eingeladen sind, neidisch zu machen. Dann muss ich am nächsten Tag auch nicht beinahe jedem Kollegen erklären, weshalb ich dann doch nicht anwesend war. Diejenigen ohne Kinder haben so ihre Schwierigkeiten, mir zu glauben.

Ich gehöre einer sehr raren Spezies an. In Medienberufen wie meinem sind junge Väter vergleichsweise selten. Mit alltäglichen Situationen und Problemen wie den meinen kommen meine Kollegen kaum in Berührung. Gustav war noch nicht mal auf der Welt, da ging schon das erste Raunen durch die Belegschaft – ausgelöst durch die Bitte an meinen Arbeitgeber, meinem Antrag auf vier Monate Elternzeit zuzustimmen. Das war ein absolutes Novum. In unserer Firma hatte es so was bislang nicht gegeben.

Es ist schon interessant, wie sich mit einem Kind die Beziehungen zu allen Menschen um mich herum verändern. Nicht nur die zu meinem engsten Umfeld, den eigenen Eltern, der Lebensgefährtin, Freunden, sondern auch zu Nachbarn und nicht zuletzt zu den Menschen, mit denen ich einen wesentlichen Teil meiner Zeit verbringe, vielleicht sogar mehr als mit meiner eigenen Familie, den Arbeitskollegen.

Aber gerade hier muss man aufpassen, nicht selbst die eigenen Klischees zu reiten und sich zu oft über durchwachte Nächte, Krankheiten und Erziehungsprobleme zu beklagen. Wenn man sich zu sehr in dieser Parallelwelt aufhält, denkt man leicht, es spreche jeder gerne über solche Themen.

Zudem muss ich mich als Vater im Zaum halten, kein elitäres Bewusstsein zu entwickeln. Wenn man plötzlich für ein Kind verantwortlich ist, verschieben sich die Prioritäten. Habe ich morgens eine gute Nachricht vom Kinderarzt erhalten (»Das Herz ist in Ordnung, der Schatten war wohl nur ein Fehler bei der Aufnahme.«), ordne ich viele Dinge des Tagesgeschäfts anders ein.

Wie ich sind auch meine Kollegen noch in der Lernphase, wenn es um den Umgang mit meinen väterlichen Sorgen geht.

»Du musst deinen Alltag einfach anders strukturieren. Organisation ist alles«, riet mir ein Kollege, als ich vom alltäglichen Planungsstress und Chaos erzählte.

In seiner idealen Welt mag das funktionieren, im Kosmos mit Kindern ist eine planvolle Organisation am Reißbrett nicht möglich. Krankheiten kommen einfach immer unvorhergesehen. Nichts ist dann mehr planbar, alles Improvisation. Weder Excel-Tabellen noch unser Familienkalender helfen uns weiter, wenn zwei von drei Familienmitgliedern flachliegen. Statt meines Organisationstalentes rettet mich Spontaneität durch den Tag.

Heute Morgen ist Gustav mit Fieber aufgewacht. 38,5 °C. Nicht besonders hoch, aber zu hoch, um ihn in die Kita zu bringen.

»Heute musst du zu Hause bleiben. Wir haben eine Fortbildung, da kann ich auf gar keinen Fall fehlen«, beginnt Anna die Diskussion. Darin haben wir bereits Übung. Auch wenn wir aufgeteilt haben, wer an welchem Wochentag zu Hause bleibt, gibt es immer noch Ausnahmen durch solche Zusatztermine. Fortbildungen, Konferenzen, Wandertage, Besuche außerschulischer Lernorte bei Anna. Meetings, Besprechungen, Termine außer Haus bei mir.

»Ich muss heute eine Präsentation halten, mit krankem Kind auf dem Arm macht sich das schlecht«, erwidere ich, nicht gewillt, kampflos aufzugeben. Patt-Situation. Wir beide haben einen Termin, keiner kann ohne Probleme beim kranken Gustav bleiben. Wollen tun wir es beide. Hat man niemanden, der spontan einspringen kann, gibt es in solchen Situationen immer einen Verlierer. Beruflich gesehen.

Wir versuchen, uns alles gerecht zu teilen und auch die Prioritäten gleich zu setzen. Dennoch erleben wir jeden Tag: Es ist leichter gewollt als getan und erfordert vor allem endlose Diskussionen.

Viele Arbeitgeber werben mit einer Garantie für eine geregelte Work-Life-Balance um Arbeitskräfte. Ich kenne aber keinen, der bei Krankheit seines Kindes tatsächlich problemlos vom sogenannten Home-Office aus arbeiten kann.

Vor allem für Väter scheint das keine Option zu sein. Dabei liegt das meist gar nicht an organisatorischen Voraussetzungen, sondern an der gesellschaftlichen Anerkennung. Mann gilt leicht als weich und nachgiebig, wenn er zu Hause bleibt und die Rolle der klassischen Mutter übernimmt. Daher ist es zumeist immer noch die Frau, die sich beim Arbeitgeber krankmeldet.

Dass ein Vater seine zwei Monate Elternzeit nimmt, ist mittlerweile anerkannt. Aber darüber hinaus gibt es noch einen großen Bedarf an gesellschaftlicher Akzeptanz. Nicht nur bei den Kollegen.

27

KLEINE MONSTER (DANIEL)

Ich kann nicht alle Menschen um mich herum immer zum Knuddeln liebhaben. Mit manchen kann ich besser, mit anderen weniger gut. Mit einigen kann ich gar nicht, und das ist normalerweise auch nicht schlimm. Grundsätzlich steht es jedem frei, mit wem er seine tägliche Zeit verbringt. Bin ich jedoch dazu gezwungen, mit einem unangenehmen Zeitgenossen gemeinsame Stunden zu teilen, kann es schon mal bitter werden.

Wenn ich ehrlich bin, gibt es Kinder in der Kita, bei denen ich froh bin, dass sie nicht meine Kollegen sind. Ohne Zweifel haben Menschen bereits in sehr jungen Jahren eine ausgeprägte Persönlichkeit, die nicht immer mit meiner eigenen harmoniert. In dieser Hinsicht bewundere ich die Erzieher, denn ihnen wird es kaum anders gehen. Aber bisher habe ich noch nie bemerkt, dass manche Kinder schlechter wegkommen als andere. Die Sympathie wirkt ausgeglichen verteilt.

Was mich angeht, so gibt es einen Kandidaten, bei dem meine persönliche Abneigung größer ist als bei den anderen. Nennen wir ihn Kay-Olof. Ich mochte ihn von Anfang an nicht, seine Stimme nervt gewaltig, und das, was er von sich gibt, ist auch nicht gerade von intellektuellen Highlights gespickt. Zudem gehört Kay-Olof nicht zu den hübschesten

Exemplaren seiner Zunft, ein lebender Beweis, dass nicht alle kleinen Kinder süß sind.

Das alleine macht ihn noch nicht zum Widerling, aber ich war dennoch froh, dass sich unsere gemeinsame Zeit sehr in Grenzen hält. Irgendwann ist Kay-Olof allerdings zu weit gegangen. Eines Tages kommt Gustav mit einem gewaltigen blauen Fleck nach Hause. Bei näherer Betrachtung kann man ein paar deutliche Abdrücke von kleinen spitzen Milchzähnen erkennen. Mir ist sofort klar, wer da dahinterstecken musste. Ein solches Gebiss kann nur einem gehören, diesem kleinen Fiesling, den ich noch nie gemocht habe. Mein Verdacht bestätigte sich, als Gustav den Schuldigen bereitwillig preisgibt. Für so viel Kollaboration gab es von mir als Belohnung eine Handvoll Gummibärchen.

Am liebsten möchte ich zum Haus des kleinen Widerlings aufgebrechen und Kay-Olof zur Rede stellen. Dem schändlichen Übeltäter werde ich Einhalt gebieten!

In meiner Phantasie spiele ich ein paar sehr unangenehme Vergeltungsmaßnahmen durch, bis ich beschließe, das diplomatische Gespräch mit dem Personal zu suchen und sie zu fragen, was sie bei der Erziehung so offensichtlich falsch gemacht hatten.

Christa weiß schon Bescheid. Kaum setze ich einen Fuß in die Kita, kommt sie auf mich zu und bittet mich zu einem Gespräch unter vier Augen. Wir gehen in einen Nebenraum, und ich setze gerade zu einer Brandrede an, als sie mich geradeheraus fragt: »Hat Gustav zu Hause zurzeit vielleicht irgendwelche größeren Veränderungen zu verkraften? Er ist in letzter Zeit sehr unausgeglichen und, wie soll ich sagen, aggressiv.« Obwohl sie vorsichtige Formulierungen gewählt hat, besteht kein Zweifel: Dies soll ein Problemgespräch werden mit dem Vater eines verhaltensauffälligen Kindes. Mit mir.

»Soll jetzt also mein Sohn selbst schuld daran sein, dass ihn der kleine Rüpel in den Arm gebissen hat?«, frage ich aufgebracht. »Mich würde es auch aggressiv machen, wenn ich von einem Mini-Rambo mit Bissen malträtiert werden würde!« So viel zu meinem Vorsatz, dieses Gespräch in einem nüchternen Ton zu führen.

Christa zeigt sich wenig überrascht. Ihrem wohlwollenden Gesichtsausdruck nach zu urteilen, ist dies nicht das erste Stressgespräch mit einem Vater in solch einer Situation.

»Sie haben schon recht, es ging um Notwehr.« Sie legt eine kleine Gesprächspause ein und gibt mir dadurch Zeit, mich zu beruhigen. Gelernt ist gelernt.

»Gustav hat Kay-Olof in den Schwitzkasten genommen. Der Arme wusste sich nicht anders zu helfen und hat Ihren Sohn deshalb gebissen.« Ich scheine überrascht bis ängstlich zu gucken, denn sogleich macht sie eine beschwichtigende Handbewegung. »Gustav hat Kay-Olof sofort wieder losgelassen.«

Er hatte ja auch keine andere Wahl, denke ich. Ich bin irritiert, ein wenig beschämt ob meiner unberechtigten Verdächtigungen und ebenso überrascht über Gustavs Verhalten.

»So kenne ich ihn gar nicht«, murmele ich. Von Angesicht zu Angesicht mit der pädagogischen Instanz der Kita-Gruppe, die keinerlei Zweifel an der Richtigkeit ihrer Darstellung hat, fühle ich mich als Vater des Täters überfordert.

»Ich war ehrlich gesagt auch sehr überrascht, habe die Situation aber unmittelbar mitbekommen und noch versucht einzugreifen. Reden Sie einfach noch mal in Ruhe mit Gustav.« Damit ist alles gesagt.

Mein Blick wandert zu meinem Sohn, der im Nachbarzimmer auf der Umkleidebank sitzt und beide Beine baumeln lässt. Dieser kleine Engel soll einen anderen Typen in den Schwitzkasten nehmen können?

In diesem Moment kommt Kay-Olof, dessen Name auf einmal einen ganz anderen Klang für mich hat, in die Garderobe. Als er Gustav erblickt, macht er kehrt und läuft davon. Augenscheinlich spielt er derzeit lieber mit anderen Kindern als dem meinen. Ich kann ihn da ganz gut verstehen.

28

KINDERGESCHÄFTE (ANNA)

Gestern beim Abendessen. Gustav ruft: »Ich muss Pipi«, steht auf und läuft ins Badezimmer. Daniel und ich sind froh, dass er mittlerweile alleine aufs Töpfchen geht und das vorwiegend auch noch rechtzeitig. Den Geräuschen nach zu urteilen, die aus dem Badezimmer an unser Ohr dringen, muss er nicht nur Pipi.

»Paaapaaa, komm!«, ruft es auch sogleich. Daniel und ich wechseln einen schnellen Blick über unsere Teller hinweg, ich grinse, Daniel verzieht das Gesicht und steht auf. Diese Aufgabe ist nicht klar verteilt, manchmal wünscht Gustav mich, dieses Mal eben Daniel.

»Paaapaa, ich habe gekackert.« Pause. »Da ist auch was im Schlüppi.« Daniels Gesichtszüge entgleisen, ich muss lachen. Daniel murmelt: »Manchmal ist es einfach so krass«, und verschwindet Richtung Badezimmer, aus dem kurze Zeit später das Rauschen der Dusche zu mir dringt.

Das Wort Schlüppi erinnert mich an meine Großmutter, die große fleischfarbene Unterhosen trug, die im Sommer auf der Wäscheleine hinterm Haus flatterten und für deren Bezeichnung sie dieses so schöne, altmodische Wort verwendete. Die Verniedlichung ihrer wahnsinnig großen Miederhosen, bei deren Anblick ich mir nie vorstellen konnte, dass sie ihr wirklich passten und nicht bis unter die Achseln reichten, haben so gar nichts gemeinsam mit den kleinen bunten Unterhosen ihres Urenkels, der nun denselben Ausdruck benutzt.

Ich höre die Waschmaschine laufen und beglückwünsche mich, letzte Woche einen zweiten Wäscheständer gekauft zu haben. Wenn nun zwei Wäscheladungen auf zwei Wäscheständern in der Wohnung trocknen, ist es zwar eng und die Luft erinnert an ein Tropenhaus, aber anders werden wir den Wäschebergen nicht mehr Herr. Es soll ja Menschen geben, die alles bügeln, sogar Bettwäsche und Handtücher. Wir bügeln nichts und schon gar keine Bettwäsche.

Gustav erscheint in frischer Unterhose und Strumpfhose, und an seinem unverkennbaren Windelpopo erkenne ich, dass Daniel auf Nummer sicher gegangen ist, um zumindest heute von »Paaapaa«-Rufen aus dem Badezimmer verschont zu bleiben.

Mit Taschentüchern ist es so wie mit Klebestiften. Eine Marke ist so dominant, dass sie den Namen der ganzen Produktkategorie bestimmt. Bei Windeln ist das genauso. Fast jeder nennt die gleiche Marke, wenn er Windeln meint, bei weitem nicht alle kaufen sie. Zumindest nicht ausschließlich. Wir haben beispielsweise jahrelang jene teuren Windeln für die Nacht gekauft, jedoch billigere für tagsüber. Denn eines muss man ihnen, den teuren, lassen, sie sind wirklich gut. Gut im Sinne von auslaufsicher. Aber dafür schlecht im Sinne von Preis. Meine Freundin Bettina hat ausgerechnet, dass sie als Familie mit zwei Kleinkindern pro Jahr 700 Euro sparen, wenn sie die Windeln nur noch beim Discounter kaufen. Das sind zwei Wochen Urlaub an der Ostsee – wenn auch in der absoluten Nebensaison – oder ein komplettes Winteroutfit für die ganze

Familie oder 20 Mal Pizza essen gehen oder eben einfach 700 Euro, die man für Notfälle zur Seite legen kann.

Meine kleine Nichte ist drei Jahre alt und kann alleine auf die Toilette gehen. Damit erfüllt sie die Voraussetzungen für einen Kindergartenplatz in ländlicher Region des Freistaates Bayern. Gustav ist jetzt zweieinhalb, er geht nicht immer alleine auf die Toilette und ist seit mehr als einem Jahr ein Kita-Kind. Der Unterschied: Er ist ein kleiner Ostberliner.

Seit einigen Wochen steht in unserem Badezimmer ein sogenanntes »Töpfchen«. Es ist pink – blau war ausverkauft – und soll mit seinem kleinen Schnabel und Füßchen wohl an einen Pinguin erinnern. Da ich schon Schwierigkeiten hatte, das Tier zu erkennen, hat Gustav es bis heute nicht gefunden. Lange stand das Ding in einer Ecke im Badezimmer und fristete ein trauriges Dasein. Immer im Weg, nie in Gebrauch.

Das ist nun anders. Mal steht das Töpfchen neben der Toilette, mal neben der Badewanne, mal vor der Waschmaschine oder auch vor der Heizung und wird oft genug zur Stolperfalle für Daniel und mich. Gustav benutzt das pinkfarbene Etwas als mobilen Untersatz, mit dem er durchs Badezimmer rutscht. Er mag das Geräusch, wenn Plastik über Fliesen schrappt.

Wie in vielem ist uns die Kita auch in dieser Lebensphase weit voraus. Gustav hielt dort schon seit Monaten seinen Mittagsschlaf, bevor er ausnahmsweise auch mal am Wochenende bei uns mehr als zwanzig Minuten am Stück schlief. In der Kita braucht er keinen Schnuller mehr zum Einschlafen, bei uns fiel der Nuckel erst drei Monate später weg.

Das Gleiche wiederholt sich nun mit dem von mir wenig geliebten »Töpfchentraining«, dessen Namen ich noch schlimmer finde als den Akt an sich. In der Kita sitzt Gustav seit geraumer Zeit tagein, tagaus zu festen Uhrzeiten auf dem Topf. Links und rechts neben ihm hocken seine Kita-Kollegen wie die Hühner auf der Stange. Manchmal sitzen sie nachmittags so da, wenn ich Gustav abholen komme. Sie führen kindliche Diskussionen, haben Spaß miteinander und blödeln herum. Der Gang zum Töpfchen ist eine angenehme Gruppenaktion, an der Gustav seine Freude hat.

Zu Hause brachte ihn lange nichts dazu, die Plastikschüssel zu benutzen. Er fühlte sich wohl in seiner Windel und sah keinen Grund, die Freiheiten, die sie ihm gibt, aufzugeben. Immerhin kann er stundenlang spielen oder schlafen, ohne durch einen Gang ins Bad gestört zu werden.

Der Durchbruch gelang mit Gummibärchen. So viele wie Finger an seiner kleinen Hand: fünf Stück. Genau so viele passen in seine Hand und hinterlassen dort eine klebrige Schicht. Er liebt diese kleinen bunten Gummitiere abgöttisch und würde sehr viel tun, um in ihren Besitz zu kommen.

Gustavs Problem war die fehlende Schicht zwischen Unterhose und Haut. Denn obwohl er in der Kita aufs Töpfchen gesetzt wurde, trug er dort weiterhin eine Windel. Er ist seit bald 1000 Tagen auf der Welt und trägt somit seit bald 1000 Tagen Windeln. So ist das Gefühl von Stoff auf seiner Haut am Po neu für den kleinen Mann, und alles Neue wird von ihm erst einmal für schlecht befunden. Eben ein kleiner Beamter.

Bei durchschnittlich fünf Windeln pro Tag haben wir zusammen mit den Erziehern in den letzten Jahren 5000 Windeln gewechselt. Darauf habe ich nun keine Lust mehr. Und was sind schon fünf Gummibärchen, wenn ansonsten 5000 weitere Windeln auf mich warten? Also habe ich Gustav bestochen. Eine kleine Bestechung mit großer Wirkung.

Und tatsächlich klappte es von Beginn an sehr gut mit dem rechtzeitigen Töpfchengang – wenn man von dem einen großen Fleck auf unserer hellen Couch mal absieht. Die ist noch aus Daniels Studentenbude und wurde käuflich erworben, als das Thema Kinder noch Lichtjahre entfernt schien. Fünf Jahre später bietet der Couchbezug einen schönen Einblick in unser Familienleben. Unseren Rotwein- und Schokoladenflecken fügte Gustav im Laufe der Zeit platt gesessene Banane, Spuckflecken, riesige Eisflecken und eben diesen Pipifleck hinzu. An manchen Tagen wünsche ich mir, stark kurzsichtig zu sein, um die dann erforderliche Brille einfach absetzen zu können und die Couch und das Chaos drum herum nicht mehr sehen zu müssen. Brillenträger Daniel hat es in dieser Hinsicht deutlich besser. Andererseits frage ich mich manchmal, ob es vielleicht auch an dem fehlenden zweiten X-Chromosom liegen könnte, dass ihn die Unordnung nicht so stört wie mich.

Was zu Hause meist gut klappt, stellt uns außerhalb der eigenen vier Wände vor ganz neue Herausforderungen. Nicht alle Freunde sind begeistert von einem kleinen Jungen ohne Auslaufschutz, der auf ihrem Sofa sitzt oder mit dem Filius des Hauses auf dem Elternbett herumturnt. Glücklicherweise ist die Toilette nie weit. Draußen schon. Aber nach einigen Wochen kenne ich die Cafés und Geschäfte, in denen man mit kleinem Kind mal eben schnell das Klo benutzen kann. Auch ohne jedes Mal einen Kaffee oder ein Brötchen kaufen zu müssen.

Andere Eltern sind da lockerer, für mich zu locker. So sieht man hier überall Mütter und Väter, die ihre pinkelnden Kinder in die Büsche auf dem Spielplatz halten. Sie finden das ganz normal, ärgern sich aber über die allerorten pinkelnden Hunde. Ich finde die Pinkelaktionen auf den Spielplätzen mindestens genauso störend. Im Sommer riecht es nämlich entsprechend, und außerdem spielen die Kinder Verstecken in den Büschen.

Gustav hat sich fürs Trockenwerden den späten Herbst ausgesucht. So komme ich darum herum, dass er es den anderen Kindern auf dem Spielplatz nachmachen möchte, aber dafür müssen wir immer mindestens drei Schichten Kleidung herunterziehen, bevor Gustav seinem Drang nachgeben kann. Meist merkt er erst kurz vor knapp, dass er pinkeln muss, und dann wird es ganz schön eng. Im selben Moment wie ich die Unterhose runterziehe, lässt er sich aufs Töpfchen sinken und entspannt sich – die Erleichterung spiegelt sich in seinem Gesicht wider. Irgendwie hat der Kita-Gruppenzwang dazu geführt, dass Gustav diese ganze Sauberkeitserziehung nun aus eigenem Antrieb möchte.

Unsere Freunde Andrea und Max müssen sich über Windelmarken und Töpfchentraining keine Gedanken machen. Ihre zweite Tochter Lucia trägt seit ihrer Geburt nahezu nie eine Windel. In anderen Kulturen, zum Beispiel bei Naturvölkern in Afrika und auch traditionell in China, ist es selbstverständlich, das Ausscheidungsbedürfnis des eigenen Kindes zu erkennen und darauf zu reagieren. Auch Lucia zeigt ihren Eltern durch eine gewisse Unruhe ihr Bedürfnis und muss dann nur noch gehalten werden: über das Waschbecken, ein Töpfchen oder einfach einen Eimer. Andere Kinder geben

Laute von sich. Aber immer ist auch die Intuition der Eltern gefragt. Natürlich gibt es Situationen, in denen Windeln sinnvoll sind und selbst Lucia eine trägt. Aber meist braucht sie keine und wird in einigen Monaten ganz selbstverständlich die Toilette benutzen. Das ist jetzt bei vielen Eltern angesagt, allerdings muss man dafür genug Zeit haben, den Erzieherinnen kann man das zumindest nicht zumuten.

Letzte Woche auf dem Heimweg von der Kita fand sich weit und breit kein Klo. Also standen auch wir ausnahmsweise im Gebüsch neben der Straße. Gustav mit zusammengepressten Beinen und leicht gequältem Gesicht, ich ratlos ob des logistischen Problems. Ja, theoretisch wusste ich, wie man ein Kind in freier Wildbahn hält, damit es pinkeln kann, ohne dass die Hose nass wird. Schließlich habe ich das schon unzählige Male gesehen. In der Praxis jedoch stellte es sich als komplizierter heraus als gedacht.

Schnell ziehe ich Gustav Unterhose, Strumpfhose und Jeans herunter und versuche, ihn stehend nach vorne zu halten. Das klappt eher mäßig, da Gustav die schiefe Ebene nach vorne nicht kennt und immer einen Schritt vorwärts geht, sobald ich versuche seinen Oberkörper leicht zu beugen. Dadurch spannen sich die Hosen zu einem waagerechten Segel zwischen seinen Beinen auf und bieten seinem Strahl eine große Angriffsfläche. Gustav müsste noch nicht einmal besonders treffsicher sein, um seine Kleidung zu durchnässen. In weiser Voraussicht rufe ich: »Noch nicht pinkeln, warte noch«, und bugsiere ihn in die Hocke, um die Haltung auf dem Töpfchen zu simulieren. Aber auch das klappt nicht wie gedacht. Ich habe die Hose nicht weit genug heruntergezogen, so dass Gustav seine kleinen Beinchen nicht weit genug auseinander bekommt, als dass er hätte nach unten wegpinkeln können. Schnell ziehe ich ihn wieder auf die Füße, schiebe die Hosen weiter herunter und hocke ihn erneut hin. Alles in Windeseile, untermalt von meinen Ermahnungen, bitte noch nicht zu pinkeln. Wie erleichtert sind wir beide, als das Geturne endlich zum Erfolg führt!

Mittlerweile ist das Töpfchen aus unserem Alltag nicht mehr wegzudenken. Seitdem Gustav es einmal schwungvoll selbst ausgeleert hat, gilt die Regel: »Nur die Eltern leeren das Töpfchen.« Denn die Arbeit, die man sich spart, wenn man sein Kind mit dem Töpfchen allein hantieren lässt, hat man beim Wischen nachher doppelt und dreifach.

Ein Freund von uns hat es auf den Punkt gebracht: »Tausche wenig Zeit jetzt gegen viel Zeit später.« Entstanden ist dieser Leitspruch, als er mit seinem kleinen einjährigen Sohn alleine zu Hause war und unbedingt noch eine berufliche Mail schreiben musste. Während er am Rechner saß, fand sein Sohn die Schokostreusel und verteilte sie in der Küche. So zogen fünf Minuten »in Ruhe Mail schreiben« fünfzehn Minuten putzen der Küche und fünf Minuten waschen des kleinen Schokomonsters nach sich. Oft ist die Zeitrelation noch schlechter.

Nachdem der Gang zum Töpfchen tadellos klappt, ist es Zeit für den nächsten Schritt, finden Daniel und ich. Denn ob man nun die Windel wechselt oder das Töpfchen leert, ist kein großer Unterschied. Also lehnt der blaue Sitzverkleinerer fürs Klo schon an der Badezimmerwand. Nur Gustav müssen wir noch überzeugen.

29

EINFACH MAL JAMMERN (DANIEL)

Das mit großem Abstand Schlimmste, was Eltern anderen Menschen antun können, ist Jammern. Langatmiges, ausuferndes Jammern über das anstrengende Leben mit seinen Kindern hören nur andere Eltern gerne. Jemand, der keine Kinder hat, interessiert sich nur bedingt für den Alltag einer Familie mit Chaoskindern. Wer will auch von ekeligen Vorfällen im Bad und Tobsuchtsanfällen beim Frühstück hören, wenn es auch andere und deutlich anregendere Gesprächsthemen gibt? Wie gut, dass man in der Kita täglich andere Eltern trifft, die meist in der exakt gleichen Situation stecken wie man selbst!

Manchmal bedarf es nur eines Blickes und man weiß, was der andere Kita-Bring-Vater gerade für eine Phase durchläuft. Leicht zu erkennen ist akuter Schlafmangel oder eine starke Erkältung, hervorgerufen durch eine der unzähligen und unsäglichen Kita-Viren. Schwieriger zu erkennen sind erzieherische Stressphasen mit unendlichen Diskussionen über die Sinnhaftigkeit von Handschuhen im Winter oder der Mitnahme von Plüschtieren in die Kita. Aber mit der Zeit schärft sich der Blick auch hierfür.

Leider kommt es genauso oft vor, dass gerade niemand zur Hand ist, dem man sein Leid klagen kann und der das zufällig auch gerade hören will. Trotzdem muss man sich als gestresster Vater die ganze Last manchmal von der Seele jammern, es muss einfach raus in die Welt!

In solchen Momenten ist es mir herzlich schnuppe, wer mein Gegenüber ist, da muss derjenige durch, auch wenn es schmerzt. Habe ich eine durchwachte Nacht am Bettchen des Kleinen hinter mir und dadurch nicht nur einen Mangel an Schlaf, sondern auch Rückenschmerzen vom Bücken in das für Erwachsene viel zu niedrige Kinderbett und dem stundenlangen Tragen der kleinen Nachteule, bin ich oftmals glücklich, in der Büroküche auf ein Opfer zu treffen. Die zwei Minuten, die der Kaffee braucht, um aus der Maschine zu tröpfeln, nutze ich gerne für ausschweifende Erzählungen über Gustavs Kieferstruktur und die frischen Zähne, die sich schmerzhaft durch sein Zahnfleisch den Weg ins Licht bahnen.

Eines aber habe ich inzwischen gelernt: Beim Mittagstisch mit Kollegen sollte ich lieber nicht von den Krankheiten berichten, die in der Kita aktuell ihre Runde machen. Während der Phase eines hartnäckigen Brechdurchfall-Virus habe ich bei einem vietnamesischen Essen eine recht ausführliche Beschreibung der Vorgehensweise zur Bekämpfung dieser fiesesten aller Viren gegeben, musste nach kurzen einführenden Worten aber hinnehmen, dass meine Gesprächspartnerin abrupt auf das Thema Landtagswahlen in Nordrhein-Westfalen umschwenkte. Dabei schob sie ihren Teller demonstrativ unaufgegessen zur Seite.

Das gab mir zu denken. Aber aufhalten lasse ich mich davon nicht. Auch nicht von meiner Ansicht nach unpassenden Gegenfragen und Schuldzuweisungen. Ich kenne mittlerweile alle Sprüche über das bejammerte Kinderglück. Sie reichen von »Das hast du dir doch selbst so ausgesucht« über »Wer spielt, muss mit Gewinn rechnen« zu »Ein Kind ist wie eine

Tätowierung im Gesicht, man sollte es sich gut überlegen« – alles gehört und verstanden.

Aber das ist nicht der Punkt. Mit meiner Jammerei stelle ich mein selbstgewähltes Leben gar nicht in Frage, es geht ums Dampfablassen mit dem einhergehenden therapeutischen Nutzen. Habe ich mal so richtig vom Leder gezogen, ist alles wieder in Ordnung.

Und genau diesen Effekt nutze ich gleich jetzt, hier an dieser Stelle, und teile mit der Welt die Top 5 der Themen, über die es sich am besten jammern lässt:

Platz 1: Schlafentzug

Die absolute und unbestrittene Nummer eins. Nichts trifft einen härter als langfristiger, systematischer Schlafentzug. Nichts beeinträchtigt die Tagesform mehr als eine durchwachte Nacht, die meist von stundenlangem Schreien begleitet ist.

Vor kurzem traf ich einen Freund, der eben erst von einer zweiwöchigen Ayurveda-Kur in Indien zurückgekehrt war. Er sagte mir, dem schlafbedürftigen Vater, mitten ins Gesicht, wie dort die oberste Regel lautete: »Schlaft jeden Tag genug, das ist das Wichtigste. Denn zu wenig Schlaf macht euch fürchterlich müde und energielos.« Ich konnte nichts anderes tun, als zustimmend nicken. Für jeden weiteren Kommentar fehlte mir die Kraft.

Platz 2: Ich bin nie alleine

Ich habe weder ein eigenes Zimmer noch irgendeinen anderen Platz, der ganz allein mir gehört. Selbst auf dem angeblich stillen Örtchen bin ich seit längerem selten allein. Oft sitzt ein Zwerg neben mir, der mich während meines Geschäfts allen Ernstes fragt, was ich gerade mache. Vielleicht bin ich prüde, aber ich kann mich auf der Toilette einfach nicht entspannen, wenn ich mich währenddessen unterhalten muss.

Der Witz ist: Seitdem Gustav selbst auf die Toilette geht, will er dabei alleine sein. Betritt man den Raum, während er auf seinem Töpfchen sitzt, weist er einen lauthals darauf hin, dass er seine Ruhe braucht. Erst wenn er fertig ist, darf man kommen und das Ergebnis entsorgen. Keine allzu angenehme Aufgabe, aber immer noch besser, als ihn die Beseitigung selbst machen zu lassen. Ohne zu sehr ins Detail gehen zu wollen, hier noch der Tipp: Unbedingt darauf achten, dass beim Entsorgen des Töpfcheninhaltes der Klodeckel geöffnet ist!

Das Badezimmer ist aber nicht der einzige Ort, an dem Gustav Zeit für sich alleine beansprucht. Er hat sein eigenes Zimmer, in dem er alleine schlafen und alleine spielen kann – was ihn keineswegs daran hindert, das Wohnzimmer ebenso in Beschlag zu nehmen. Zwischen Couch und Fernseher sieht es jeden Abend aus, als hätte er Kindergeburtstag mit seiner ganzen Kita-Gruppe gefeiert.

Ich hingegen teile sowohl mein Wohnzimmer als auch mein Schlafzimmer mit mindestens einer Person, oft mit zweien. Ich bin also nie allein. Die Jammer-Gegner werden jetzt entgegnen: »Wenn du alleine wärst, dann würdest du dich darüber genauso beklagen!«

Stimmt.

Platz 3: Krankheiten

Wie alte Leute reden auch Eltern ständig über Krankheiten. Beim Gespräch in der Kita-Garderobe sind sie ein prima Thema, das oft bis ins Philosophische reicht. So teilte mir ein Vater einmal mit, dass er und seine Frau beschlossen hätten, Erkältungen ab sofort nicht mehr als »Krankheit« zu bezeichnen. Auf diese Weise war ihr Kind schon sehr lange nicht mehr krank.

Doch Vorsicht: Belästigt man die Anwesenden eines abendlichen Beisammenseins bei leckeren Getränken und Häppchen mit den neuesten Szene-Krankheiten, stößt man rasch an die Grenzen der gesellschaftlichen Toleranz.

Platz 4: Es ist alles so teuer

Eltern verdienen meist weniger als Nicht-Eltern. Den DINKs, also den **D**ouble **I**ncome **N**o **K**ids, stehen die OIWKs, die **O**ne **I**ncome **w**ith **K**ids, gegenüber. Zudem muss sich ein kinderloser Mensch weder mit Windel- noch mit Kinderwagenpreisen auseinandersetzen. Es gibt Hochrechnungen, wie viel ein Kind seine Erzeuger im Laufe seines Lebens kostet. Leider fehlen mir genaue Zahlen, da ich den Bericht, den ich zu diesem Thema gelesen habe, sofort gelöscht habe. Auf meiner Festplatte des Computers und auf der Festplatte in meinem Kopf. Selbstschutz durch Unwissen kann durchaus befreiend sein.

Platz 5: Die Kita hat zu

Neben dem auch sehr beliebten Nörgeln über die Institution Kita, die gestressten Erzieher, die mangelnde Flexibilität, die schnippischen Kommentare bei Elternversagen (»Sie könnten sich ruhig besser durchsetzen bei Gustav.«) – und was da noch so alles dranhängt, gibt es ein noch viel beliebteres Jammerthema: Die Kita hat zu. Mit einem Kita-Kind lohnt es sich, gut organisiert zu sein und seinen Kalender zu pflegen. Spätestens wenn man versäumt hat, zu beachten, dass die Kita wegen einer Erzieher-Fortbildung am Montagmorgen geschlossen bleibt und man daher vor verriegelten Türen steht, fasst man den Entschluss, von nun an doch alle Termine ordentlich im Familienkalender zu notieren.

30

DA IST JA NOCH EINS (ANNA)

»Und dann muss der Mann die Bohrmaschine holen und ein Loch bohren.« Gustav und ich liegen auf der Matratze in seinem Zimmer, kuscheln uns in die Kissen und unterhalten uns angeregt. Gustav kennt nur ein Thema: Wie genau kommt das Baby aus Mamas Bauch heraus? Er pikst mit seinem kleinen Finger neben meinen Bauchnabel, der schon fast verschwunden ist, und demonstriert mit einem lauten »Sss, bohrt der Mann das auf«, wie in seiner kindlichen Vorstellung die Geburt ablaufen wird. Leider weiß ich aus Erfahrung, dass es mindestens so weh tut, als würde tatsächlich jemand bohren, und wohl ebenso viel Blut fließen wird. Aber da muss ich durch. In drei Monaten und zwei Tagen, zumindest wenn sich das Kind an den Termin hält.

Das Abenteuer »zweites Kind« begann vor einigen Monaten. Unsere Eltern und engsten Freunde wussten gerade erst Bescheid, unsere Arbeitgeber würden erst in einigen Wochen Bescheid wissen, unsere Kita-Leitung sollte es direkt erfahren. Es ist Montag nach dem Wochenende, an dem wir die ersten zwölf Wochen hinter uns gebracht haben und mit »Überraschung, wir erwarten wieder Nachwuchs« unsere Familien überrumpelten. Unsere nächste Aufgabe als werdende Eltern ist der Besuch beim Kitaleiter. Gegen halb neun betreten wir sein Büro und lassen »XXX Wiedemann« auf die Warteliste setzen.

»Das ist bei uns die Unisex-Form, da wir ja noch kein Geschlecht, geschweige denn einen Namen wissen«, erklärt er uns, wobei wir uns fragen, wieso gerade XXX nach Unisex klingen soll, schließlich steht »XX« für ein Mädchen und »XY« für einen Jungen.

Nun steht unser zweites Kind wenigstens schon mal auf der Warteliste. Der Platz ist uns so gut wie sicher, immerhin werden Geschwisterkinder bevorzugt. Da müssten wir uns in den nächsten Monaten schon wirklich danebenbenehmen, damit sie unser zweites Kind ablehnen oder, noch schlimmer, unser erstes der Kita verweisen. Das schwierige Kapitel der Kita-Suche erübrigt sich also beim zweiten Kind. Eigentlich müssten wir überglücklich sein. Wieso sind wir es nicht?

Mich plagen Zweifel.

»Meinst du, wir sollten den Zeitpunkt nutzen und für beide Kinder eine neue Kita suchen?« Daniels Blick spricht Bände. Er hat absolut keine Lust, erneut auf Kita-Suche zu gehen. So sitzen wir später am Abend vor einem leeren weißen Blatt am Küchentisch und sind bereit, alle positiven Aspekte unserer Kita zu notieren, um das Thema schneller fallen lassen zu können, als es mir in den Sinn gekommen ist.

Schon bevor wir gedanklich die Kita betreten, fällt uns der große Garten mit dem tollen Klettergerüst, dem großen Sandkasten, den Kinderfahrzeugen (Bagger, Trecker, Bobbycar, Dreirad) und den vielen schattenspendenden Bäumen ein. Innen geht es positiv weiter. Die Räumlichkeiten sind zwar in erster Linie funktional, aber immerhin kinderfreundlich gestaltet, und es gibt reichlich Spielzeug, Rück-

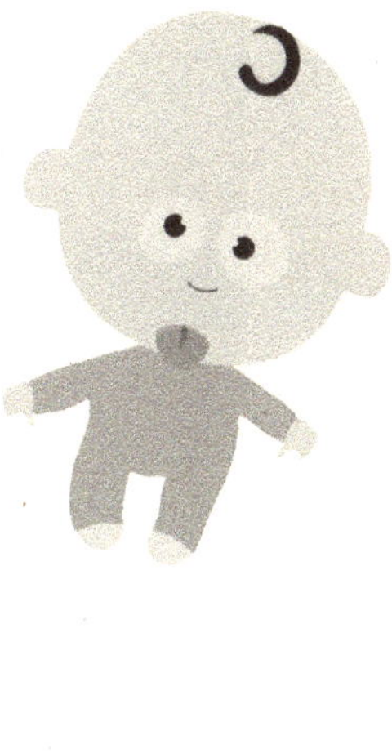

zugsmöglichkeiten, viele Bücher und schöne, kleine Toiletten. Auch wenn nicht alle Erzieher auf unserer Wellenlänge liegen, haben wir es mit unseren zwei Damen Christa und Birgit doch ganz gut getroffen. Gustav hat sie »dolle lieb«, lässt sich von beiden trösten und findet, dass die eine gut singen und die andere den Berliner Tierpark nahezu originalgetreu nachbauen kann. Das sind seine Maßstäbe, und das sollten die unseren sein. Wie überall gibt es auch in unserer Kita sogar ein pädagogisches Konzept, bloß wo und wann es wirklich zum Tragen kommt, erschließt sich uns nicht immer. Oder ist es so gut in den Alltag integriert, dass es gar nicht mehr auffällt?

Die Schließzeiten passen, der Betreuungsschlüssel leider nicht, derzeit liegt er bei 1:12. Eigentlich sollte es bei Kindern unter drei 1:5 sein. Die Kinder aus Gustavs Gruppe sind bunt zusammengewürfelt, nahezu alle liebenswerte Geschöpfe, selbst mit Kay-Olof haben wir uns arrangiert, die uns im nachmittäglichen Gewusel helfen, im Garten unseren spielenden Sohn zu finden. Schließlich fallen uns noch der kurze Weg von 1,5 Kilometern ein, die für Prenzlauer Berg guten Parkmöglichkeiten vor der Tür und die anderen netten Eltern. Eine lange Liste voller guter Gründe, zu bleiben.

Wo es positive Gründe gibt, muss es auch negative geben, doch sosehr wir auch suchen, richtig gewichtige Punkte zu Lasten der Kita fallen uns nicht ein. Trotzdem hatten wir uns immer etwas anderes gewünscht, wenn wir uns früher die Kita unserer Kinder vorstellten: Einen Ort, an dem die Kinder eine einzigartige Zeit verleben und an den sie sich auch noch Jahre später gerne erinnern. Dass dies mit unserer derzeitigen Wahl passiert, glauben wir nicht.

Schlussendlich sind wir in der Kita geblieben. Im Gegensatz zum ersten Mal haben wir uns diesmal aus Überzeugung für sie entschieden. Nein, es ist nicht unsere Traum-Kita mit Erziehern wie aus dem Bilderbuch. Aber Gustav fühlt sich sehr wohl, sieht in den Erziehern liebevolle Bezugspersonen und hat Freunde gefunden, die ihn Tag für Tag durch den Alltag begleiten. Das ist es, was zählt.

Eine Änderung soll es aber doch geben: Unser zweites Kind soll später in die Kita kommen als Gustav. Seine fünfzehn Monate, bedingt durch meinen Wiedereinstieg in den Beruf, waren uns im Nachhinein zu früh. Dieses Mal wollen wir drei bis sechs Monate länger warten, bevor es auch für XXX Wiedemann losgeht. Wie schön, dass wir die Wahl haben, dass unsere Jobs und unsere Arbeitgeber uns diese Flexibilität erlauben.

Im Grunde ist es egal, ob Kinder bereits mit sechs Monaten oder erst mit drei Jahren in eine Kita gehen, ob sie halb- oder ganztags betreut werden, in einer großen Einrichtung, von einer Tagesmutter, einer Elterninitiative oder von den Großeltern. Entscheidend ist, dass sich die ganze Familie mit der Situation wohl fühlt. Jede Familie muss für sich selbst entscheiden, ohne wertend nach links oder rechts zu blicken. Denn wir sitzen alle im selben Boot und sollten unsere Energie lieber in gemeinsame Ziele stecken: Betreuungsmöglichkeiten für alle, die es wünschen und brauchen, und bessere Vereinbarkeit von Beruf und Familie. Das wird seine Zeit brauchen, aber wir sind auf einem guten Weg.

31

EIN BLICK ÜBER DEN TELLERRAND – UND WIE IST ES BEI EUCH SO?

Lisa & Andreas mit zwei Kindern (Jakob 2,5 Jahre, Mila 3 Monate) aus einer Kleinstadt in NRW erzählen.

Wie ist bei euch die Kinderbetreuung organisiert?

Jakob geht in die Kita, seitdem er achtzehn Monate alt ist. In der Regel ist er dort von 9:00 bis 15:30 Uhr. Unsere Kita hat allerdings von 7:00 bis 17:00 Uhr geöffnet.

Im Moment ist Lisa mit unserer kleinen Tochter Mila für sieben Monate zu Hause, Andreas wird dann den siebten bis zwölften Monat Elternzeit nehmen und Lisa wieder arbeiten gehen. Wenn Mila ein Jahr alt wird, kommt sie in die gleiche Kita wie Jakob.

Seid ihr zufrieden mit eurer jetzigen Betreuungssituation?

Total! Unsere Kita ist einfach toll und sehr familiär. Wir haben damals bewusst nach einer Elterninitiative gesucht und hatten das große Glück, auch einen Platz für unseren Sohn zu bekommen. In unserer Kita arbeiten derzeit fünf Erzieherinnen (inklusive Leitung), und wir haben neunzehn Kinder. Davon auch einige Kinder unter drei Jahren. Die Kinder werden alle zusammen in einer altersgemischten Gruppe betreut, dann aber über den Tag verteilt zeitweise in Kleingruppen aufgeteilt. Dann werden verschiedene Angebote gemacht wie Reiten, Basteln oder Singen. Häufig findet hierbei eine Einteilung der Kinder in unter und über Dreijährige statt.

Die Erzieher schaffen es jeden Tag wieder, eine so tolle Stimmung zu erzeugen. Sie sagen selber, »Wir lieben unseren Job und kommen alle so gerne«. Und das merken wir Eltern und Kinder auch. Außerdem finden wir, sind sie ein richtig gutes Team.

Unsere Kita schließt drei Wochen im August und eine Woche zwischen Weihnachten und Neujahr. Zudem gibt es ein paar Brückentage (beispielsweise nach Christi Himmelfahrt), an denen das Kind zwar betreut werden *könnte*, wenn möglich aber zu Hause bleiben soll. Das heißt, an diesen Brückentagen ist nur bei Bedarf offen.

Für die drei Wochen Schließzeit im Sommer gibt es eine Notfallbetreuung aller Kitas zusammen in unserem Dorf. Dafür muss man dann allerdings extra bezahlen.

Was sagt ihr zur Vereinbarkeit von Familie und Beruf?

Wenn wir beide Vollzeit arbeiten würden, wäre es schwierig, unsere Kinder und Berufe gut miteinander zu vereinbaren. Denn auch die Abholzeit von 17 Uhr würden wir dann wohl häufig nicht schaffen. Außerdem würden wir unsere Kinder dann kaum noch sehen.

Lisa aber arbeitet nur 60 Prozent und auch Andreas ist aufgrund seiner Selbständigkeit zumindest in Grenzen zeitlich flexibel. Ansonsten gibt es auch immer noch die Großeltern, die uns liebend gerne unterstützen, auch wenn beide noch arbeiten und zeitlich nicht so flexibel sind. Andreas meint zusammenfassend: »Wenn man einen kurzen Arbeitsweg hat und flexible Arbeitszeiten, klappt es gut.«

Aber das sind alles rein praktische Aspekte. Innerlich sieht es bei Lisa ganz anders aus. Sie fühlt sich hin- und hergerissen zwischen ihrem Beruf und ihrem Muttersein. Beides zufriedenstellend zu vereinbaren findet sie schwierig – emotional und organisatorisch.

Wie hoch sind eure Betreuungskosten?

Seit Jakob zwei Jahre ist, zahlen wir pro Monat 160 Euro an Kita-Gebühr. Hinzu kommen dann noch 80 Euro Essensgeld. Für Kinder unter 2 Jahren zahlt man hier dann noch einmal 100 Euro mehr pro Monat. Für Mila werden wir nur das Essensgeld bezahlen, da die zweiten und dritten Kinder in unserem Dorf umsonst in die Kita gehen können! Das ist eine große Ersparnis und, wie wir finden, ein Schritt in die richtige Richtung.

Seid ihr der Meinung, dass die Politik/Gesellschaft Familien mit Kindern ausreichend unterstützt? Was müsste besser werden?

Puuh, das ist eine schwierige Frage. Einiges hat sich in den letzten Jahren auf jeden Fall positiv für uns Familien entwickelt. So gab es früher ja zum Beispiel noch gar kein Elterngeld und in anderen Ländern gibt es bis dato nicht mal Kindergeld geschweige denn Elterngeld. Von daher geht es uns schon ganz gut. Die Möglichkeit, ein Jahr zu Hause zu bleiben, ist toll, hat aber auch einen finanziellen Haken.

Das Kindergeld ist natürlich eine gute Sache. Allerdings geht es bei uns schon fast für Windeln drauf. Ist also nur ein Tropfen auf den heißen Stein und für viele Familien zu wenig.

Wenn man KEINEN Kita-Platz für sein einjähriges Kind bekommt oder das eigene Kind nicht schon so früh fremd betreuen lassen möchte, sieht das natürlich alles wieder ganz anders aus. Da stelle ich mir die Frage, wie diese Eltern das finanziell hinkriegen sollen. Deshalb finde ich es richtig, dass man theoretisch ab 2013 einen Rechtsanspruch auf einen Kita-Platz hat. Praktisch gesehen klappt das ja, absehbar jedoch nicht, und das ist natürlich fatal. Eine Tagesmutter wäre für uns beispielsweise zu teuer.

Ich finde aber, es sollte mehr für die sozial schwachen Kinder getan werden. Immerhin sind die Kita-Kosten abhängig vom Familieneinkommen. Aber meiner Meinung nach müsste da noch mehr getan werden, eine zusätzliche Förderung dieser Kinder. Das Betreuungsgeld finde ich einen Weg in die falsche Richtung. Denn dann bleiben eben gerade häufig die Kinder zu Hause, die in ihrer Familie nur wenig Bildung erhalten, und nicht von der Förderung in der Kita profitieren können.

Mein Beruf als Lehrerin ist recht gut vereinbar mit Kindern, nicht immer zeitlich, aber ich verpasse keine Karrierechancen wie viele andere Mütter, die aufgrund ihrer Kinder eine Zeitlang aussteigen und danach meist nicht wieder Vollzeit arbeiten können und möchten. Problematisch finde ich, dass immer noch wir Frauen einen Großteil der Eltermonate nehmen und auch danach für die Kindererziehung und den Haushalt hauptverantwortlich sind. Es hat sich einfach noch nicht so in der Berufswelt durchgesetzt, dass auch Väter mehr als zwei Monate Elternzeit nehmen. Ich kenne Firmen, bei denen Männer, die Elternzeit nehmen, das stark zu spüren bekommen. Da ist ihre Angst vor den Konsequenzen ihrer Vätermonate nachvollziehbar. Aber uns Frauen geht es häufig auch nicht anders. Da müsste noch ein ganz anderes Selbstverständnis einziehen.

Stefan & Jale mit zwei Kindern (Linn 4,5 Jahre und Oskar 1,5 Jahre), München

Wie ist bei euch die Kinderbetreuung organisiert?

Linn geht, seit sie zwei Jahre alt ist, in den Kindergarten hier im Viertel. Stefan bringt sie morgens gegen halb 9 zu Fuß zum Kindergarten, Jale holt sie zwei Mal die Woche um 15 Uhr, zwei Mal die Woche um 17 Uhr ab. Jeden Dienstag ist Großelterntag. Sie holen Linn dann um 15 Uhr ab und verbringen mit beiden Kindern den Nachmittag, da Jale lange arbeitet. Oskar wird im Herbst in den Kindergarten kommen. Er ist dann knapp zwei Jahre alt.

Seid ihr zufrieden mit eurer jetzigen Betreuungssituation?

Sehr, bis auf die Tatsache, dass Oskar erst mit knapp zwei Jahren in den Kindergarten gehen kann. Es hätte ihm, unserer Meinung nach, gutgetan, bereits früher mit anderen Kindern seines Alters die Vormittage zu verbringen. Zudem hat sich der späte Beginn der Betreuung stark auf die Arbeitsmöglichkeiten von Jale ausgewirkt. Ohne die Hilfe der Großeltern wären wir hier aufgeschmissen gewesen.

Toll ist, dass wir den Kindergarten in fünf Minuten zu Fuß erreichen können. Die Ausstattung ist sehr gut, die Erzieher dem Kind zugewandt und herzlich im Umgang. Externe Zusatzangebote am Nachmittag wie Singkreis und Tanzen können hinzugebucht werden. Die teilnehmenden Kinder werden sogar direkt dorthin gebracht und können anschließend von den Eltern vor Ort abgeholt werden. So hält sich das Bringen von Linn am Nachmittag von A nach B in Grenzen, und Oskar muss nicht immer mitlaufen.

Was sagt ihr zur Vereinbarkeit von Familie und Beruf?

Weil Stefan selbständig ist und zumindest an einigen Tagen im Monat seine Arbeitszeit frei einteilen kann und Jale nur an 1,5 Tagen in der Woche arbeitet, an denen dann die Großeltern einspringen, klappt es mit der Betreuung sehr gut. Die Betreuungszeiten der Kita von 8 bis 17 Uhr sind völlig ausreichend, die externen Zusatzangebote ein Glück.

Wenn wir allerdings die Großeltern nicht hätten und Stefan nicht so flexibel wäre, hätten wir weitaus größere Probleme, Familie und unsere Berufe zu vereinbaren. Jales volles Gehalt fehlt zwar im Moment dem Familieneinkommen, sie hat aber im Gegensatz zu vielen anderen Eltern keine beruflichen Beeinträchtigungen für die Zukunft zu erwarten.

Die Betreuung in den Schließzeiten an Pfingsten und im Sommer können wir nur durch die Unterstützung der Großeltern stemmen. Sie ermöglichen es uns, dass wir beide arbeiten können.

Wie hoch sind eure Betreuungskosten?

Im Moment zahlen wir für den Kindergartenplatz von Linn gut 120 Euro. Der Krippenplatz für Oskar wird dann noch mal etwas mehr als das Doppelte kosten. Ingesamt also fast 400 Euro jeden Monat, das sind mehr als 15 Prozent unseres Nettoeinkommens und einfach wahnsinnig viel. Das Verpflegungsgeld ist noch nicht mit eingerechnet und beträgt im Moment für Linn fast 60 Euro im Monat.

Seid ihr der Meinung, dass die Politik/Gesellschaft Familien mit Kindern ausreichend unterstützt? Was müsste besser werden?

Bis zu einem Einkommen von 60 000 Euro ist die Berechnung der Betreuungskosten bei uns in München einkommensabhängig, darüber zahlen alle das Gleiche. Das finden wir ungerecht und müsste unserer Meinung nach geändert werden. Dass Oskar erst mit einem Alter von knapp zwei Jahren einen Platz im selben Kindergarten wie Linn bekommt, finden wir schade. Aber ab Sommer haben ja per Gesetz theoretisch alle Eltern einen Anspruch auf einen Krippenplatz für ihr einjähriges Kind. Wir hoffen, dass möglichst viele Eltern auch in der Praxis davon profitieren können, die es wollen und darauf angewiesen sind. Zudem müsste die Erzieherausbildung reformiert werden und besser bezahlt werden, um motivierte und gut ausgebildete Erzieher beider Geschlechter zu erhalten. Das würde dann wiederum auch uns Eltern zugutekommen.

DANKSAGUNG

Wir danken allen MitarbeiterInnen vom Ullstein Verlag, allen voran Ulrike von Stenglin, Sabrina Rönsch und Marlen Günther für ihre Betreuung und Unterstützung.

Wir danken unseren Freunden, die sich unsere zahlreichen Kita-Geschichten immer wieder geduldig anhören. Seid gewarnt: Es werden sicherlich noch mehr werden.

Ebenso danken wir unseren beiden Familien, die für unsere Kinder eine wundervolle Großfamilie bilden, über alle Entfernungen hinweg.

Vor allem aber danken wir unseren Kindern, ohne die wir wohl niemals eine Kita betreten hätten und ohne die unser Leben nicht so herrlich bunt wäre, wie es ist.